中国慈展会
CHINA CHARITY FAIR

乡村振兴与均衡发展

清华大学公益慈善研究院
中国公益慈善项目交流展示会组委会办公室
编著

The Ninth China Charity Fair Conference Collection

第九届
中国公益慈善项目
交流展示会
会议文集

中国经济出版社
CHINA ECONOMIC PUBLISHING HOUSE
北京

图书在版编目（CIP）数据

乡村振兴与均衡发展：第九届中国公益慈善项目交流展示会会议文集／清华大学公益慈善研究院，中国公益慈善项目交流展示会组委会办公室编著. -- 北京：中国经济出版社，2023.4

ISBN 978－7－5136－7270－2

Ⅰ. ①乡… Ⅱ. ①清… ②中… Ⅲ. ①慈善事业－中国－文集 Ⅳ. ① D632.1-53

中国国家版本馆 CIP 数据核字（2023）第 055993 号

责任编辑 叶亲忠
责任印制 马小宾
封面设计 华子图文

出版发行 中国经济出版社
印 刷 者 北京建宏印刷有限公司
经 销 者 各地新华书店
开　　本 710mm×1000mm 1/16
印　　张 11.5
字　　数 120 千字
版　　次 2023 年 4 月第 1 版
印　　次 2023 年 4 月第 1 次
定　　价 68.00 元
广告经营许可证 京西工商广字第 8179 号

中国经济出版社 **网址** www. economyph. com **社址** 北京市东城区安定门外大街 58 号 **邮编** 100011
本版图书如存在印装质量问题，请与本社销售中心联系调换（联系电话：010-57512564）

序言

Preface

2021年是中国“十四五”规划的开局之年，也是巩固拓展脱贫攻坚成果同乡村振兴有序衔接的起步之年。乡村振兴不仅是中国迈向2030年远景目标的重要战略，也是重要的全球议题。自20世纪60年代国际援助发展兴起以来，全球范围内大量公益慈善组织投身乡村发展，积累了丰富的乡村发展经验。世界范围内慈善力量助力乡村发展，有哪些国际经验可供借鉴？中国慈善组织又有哪些经验可以与世界分享？在这样的重要历史节点，如何促进世界范围内乡村发展，对于当下的中国、世界都正当其时。

在此背景下，第九届中国慈展会通过全球连线、线上直播、云上会议厅等形式，邀请了来自乡村发展、国际合作与发展、互联网公益、慈善金融、慈善文化、生态环保等多元领域的行业专家、地方政府代表、企业家、扎根在公益一线的基层代表、媒体人、青年公益实践者、国际友人等参与交流分享，集中研讨了多种途径助力乡村振兴与均衡发展、社会力量助力乡村振兴的中国经验、如何推动乡村振兴的国际协同与合作等内容，汇聚成一束

序言 Preface

2021年是中国“十四五”规划的开局之年，也是巩固拓展脱贫攻坚成果同乡村振兴有序衔接的起步之年。乡村振兴不仅是中国迈向2030年远景目标的重要战略，也是重要的全球议题。自20世纪60年代国际援助发展兴起以来，全球范围内大量公益慈善组织投身乡村发展，积累了丰富的乡村发展经验。世界范围内慈善力量助力乡村发展，有哪些国际经验可供借鉴？中国慈善组织又有哪些经验可以与世界分享？在这样的重要历史节点，如何促进世界范围内乡村发展，对于当下的中国、世界都正当其时。

在此背景下，第九届中国慈展会通过全球连线、线上直播、云上会议厅等形式，邀请了来自乡村发展、国际合作与发展、互联网公益、慈善金融、慈善文化、生态环保等多元领域的行业专家、地方政府代表、企业家、扎根在公益一线的基层代表、媒体人、青年公益实践者、国际友人等参与交流分享，集中研讨了多种途径助力乡村振兴与均衡发展、社会力量助力乡村振兴的中国经验、如何推动乡村振兴的国际协同与合作等内容，汇聚成一束束慈善智慧之光，照亮乡村振兴和共同富裕的新路。

本书紧扣乡村振兴与均衡发展等相关议题，重点围绕发挥慈善事业第三次分配作用，荟萃前沿理念，洞察行业发展趋势，为不断探索慈善行业参与推动国家重大战略实施的有效模式贡献了智慧力量，以期为慈善力量参与乡村振兴和解决社会问题提供参考借鉴，并谨以此书向每一位奋斗在乡村振兴一线的践行者致敬！

目录
Contents

第一篇

乡村振兴与均衡发展

2021 年是中国“十四五”规划和迈向 2035 远景目标、开启全面建设社会主义现代化国家新征程的开局之年；2021 年也是中国由脱贫攻坚转向乡村振兴战略的过渡之年，是中国走向城乡更加均衡发展并实现共同富裕的重要历史节点。与此同时，联合国可持续发展目标（SDGs）直接指向更加均衡的世界，其 17 个目标中有一半以上都与乡村振兴及城乡均衡发展相关，中国的乡村振兴战略与联合国可持续发展目标紧密相连并携手同行。在这一背景下，公益慈善力量如何助力乡村振兴战略？中国的公益慈善及乡村振兴如何促进世界范围内乡村发展的国际合作与经验交流？这些都成为社会各界共同关注的热点。“乡村振兴 · 更均衡的世界”对于当下的中国和世界，都正当其时。

以农村金融促进乡村振兴

孟加拉格莱珉银行（乡村银行）创始人、诺贝尔和平奖获得者
穆罕默德·尤努斯（Muhammad Yunus）

精彩观点

1. 我们认为金融不仅仅是为富人服务，也包括为穷人服务，所以我们开始让金融走进乡村、走向低收入人群，尤其是女性。
2. 乡村不应该成为城市经济的附庸，应该建立属于自己的独立经济系统。
3. 乡村应该可以创造就业岗位，创造收入，创造企业家，创造自己的教育系统，自己解决所有的问题。
4. 城市经济和乡村经济，应该是两个平行的系统，而不是说乡村经济是城市经济的附庸。

我们花了很长时间来了解基层的需要，也尝试过用不同的方式来解决人们遇到的问题，包括乡村低收入群体的问题，在各种各样的方式中，有一种行之有效的方式是 45 年前我们开始借钱给孟加拉国乡村极度贫困的人群。我们认为金融不仅仅是为富人服

务，也包括为穷人服务，所以我们开始让金融走进乡村、走向低收入人群，尤其是女性。我们在孟加拉国建立了一个与其他传统银行不同的格莱珉银行，专门为低收入人群提供小额金融贷款服务，但是这5美元、10美元的小额贷款对于穷人来说已经是巨额贷款了。他们非常正式地双手接过这笔“巨款”后，难以置信也非常激动。和传统银行不一样，我们的小额贷款是以信任为基础的，既不签署法律文件，也无须任何抵押担保。他们不需要抵押就可以拿到钱，与此同时他们也能够感觉到自己得到了尊重，我们和客户之间建立了这样的信任关系，我们发展了这样一个很不寻常的银行系统，是要帮助这些穷人创造财富。在我们的银行系统中是没有律师的，传统银行依靠律师将所做的一切都写在纸上形成合同，还需要有一定的财产作为抵押，一旦还不了款就把你的财产没收。而我们所做的项目是致力于帮助穷人创造财富，把钱给这些人，然后祝他们好运，让他们自己努力来赚钱还给我们。这就是我们做的，我们做得很成功，当时的结果真的很让人惊讶，但后来发现这真的变成了现实。

45年之前格莱珉银行这样做，现在格莱珉银行仍然这样做，我们成立了这种银行，给他们提供资产，让他们得到尊重。现在我们有很多的资产了，我们现在服务的97%的客户都是女性。从5美元、20美元、50美元、70美元到越来越多。她们一辈子都跟我们一起成长，送孩子上学、盖房子、创业，她们用这一点点的小钱做一点小生意，最后成了创业家、企业家。

渐渐地，中国朋友也了解了这一点并且对此非常重视。从1980年开始在中国逐步推广小额贷款，我们很欣喜中国在减贫方面取得的巨大成就。历史上，从来没有任何一个国家实现了让这么多的人，在这么短的时间里就走出了贫困。而且是以一种可持续的方式实现的，所以中国确实是取得了前所未有的成绩，是历史上前所未有的，全世界都非常钦佩中国在减贫上所取得的成绩。中国在银行方面做了更多，建设银行做了非常好的尝试，我们也看到了；现在我们也把格莱珉银行的经验带到中国的乡村去解决传统银行系统没有办法在乡村解决的问题。

格莱珉银行希望设计这样的一个体系，让乡村的人士也能够通过小额的贷款渐渐地走出去，创造更多发展的机会，年轻人也可以到城市去找工作。现实中很多人到了城里，可能没有办法很快就业，这会让他们的生活条件很艰苦，在城市住在贫民窟里，没有固定的收入，所以就没有办法获得他们想要的服务，对于他们来说这种生活是非常可怕的。所有的经济活动都集中在城市地区，这就是现在的经济系统。我们一直问这样的问题，为什么农村的年轻人去城市之后要受苦？他们背井离乡，离开了父母、家庭，还要为自己的未来担忧，同时农村还要输送农产品给城市。很多年轻人从农村去到城市工作、打工，并在城市生产消费品，然后又把消费品再送回到农村去，这个过程很有意思。大家想想我们把人送到城里面工作，然后又把初级农产品送到城市，在城市进行加工制成成品后，再返回农村用，这是怎样的一个经济系统呢？为什么这些年轻人就不能待在农村地区把农产品进行生产加工，做成制成品再卖给城里呢？我觉得这确实是一个逻辑上的谬误。在传统的经济系统当中，农业基础设施薄弱，农村缺乏电力、缺乏道路，没有能力去建厂，也没有足够的接受过良好教育的人口。我觉得这都是错误的逻辑，不应该是这样的。

乡村不应该成为城市经济的附庸，应该建立属于自己的独立经济系统。目前在乡村基础设施逐渐完善，通信网络设施也齐全之际，应该可以创造就业岗位，创造收入，创造企业家，创造自己的教育系统，自己解决所有的问题。我们所需要做的就是使这些事情都可以在乡村完成，乡村人不需要到城市去谋生，要为乡村创造满足人们生活需求的经济系统。相比过去没有网络和电的年代，现在去实现这个目标更加容易。城市经济和乡村经济，应该是两个平行的系统，而不是说乡村经济是城市经济的附庸。如果我们让乡村经济成为城市附庸的话，人们会深受其苦，所以我们应该让乡村经济成为独立的经济体系，让乡村的低收入群体像世界其他地区的人一样，能够成为成功的企业家，我们需要向他们提供金融服务。这已经被多年的经验所证明，现在我们应该考虑的是如何实现这一点。

社会的建设与乡村的治理

中国农业大学人文与发展学院教授、院长　叶敬忠

精彩观点

1. 乡村振兴是国家为了实现现代化而对农业、农村、农民、农地系统的优先性和综合性进行的改造，目的是推进城乡社会结构和关系的总体变革。
2. 乡村治理是乡村振兴的基础，而目前的乡村治理，存在着过度行政化的情况，有时过于突出管理控制而服务不足。
3. 对于中国的乡村建设来说，我们应该认识到社会建设的必要性，应该为社会建设留出足够空间，构建社会建设的长效机制，激发群众的内生动力；应该探索多种渠道的社会建设形式，借助社会建设实践进行政策宣传。

我今天想通过三段经历来给大家分享一下社会建设（The Construction of Society/Society Construction）这个主题。

2019 年 4 月 7 日到 14 日，我在荷兰乡村考察，我们去的荷兰

北部的乡村有许多合作社。在考察的一周时间里，我们没有见到村长、市长、省长这些行政人员，接待我们的主要是这些农民自发成立的组织或社会组织。我没有感受到行政力量的存在，而感受到了各种社会组织力量的存在。2019 年 4 月 20 日，在北京市社会学学会会议上，我听到清华大学李强老师的报告，他谈到，社会建设就是建设社会。我当时就在思考什么是建设社会？2020 年 9 月 16 日，在四川省青神县高台镇调研时，镇委书记带领我们参观了一个由村庄旧学校改造成的小讲堂，这是给农民开办各种讲座的地方。她在这个地方正在努力干的事情，用她的话来讲，叫作“三微”：微组织、微阵地、微基金。我当时就想，这个书记正在做的和荷兰乡村的各种社会组织所做的一样，就是李强教授所说的“社会的建设”。

乡村振兴是国家为了实现现代化而对农业、农村、农民、农地系统的优先性和综合性进行的改造，目的是推进城乡社会结构和关系的总体变革。而要推动这个总体变革就需要特别注重社会的治理。乡村治理是乡村振兴的基础。乡村治理不同于城市治理，因为乡村不同于城市的社区，不同于城市的公司，不同于城市的机构，不是以某一个特定任务完成为目的的，而是集生产、生活多功能为一体的，是一个同时存在着各种互动关系的生活共同体。而目前的乡村治理，存在着过度行政化的情况，有时过于突出管理控制而服务不足。那么乡村的服务到底应该由谁提供？这也是社会建设很重要的内容之一。

目前在我们国家，社会建设基本上有两种概念，第一种是针对我们五位一体的经济、政治、文化、社会、生态文明建设，更多指的是建设民生；另一种则是强调与国家、市场的概念并列的社会，这一概念下的社会建设的理论意义和现实意义都值得我们研究，比如去探索如何发挥社会建设在乡村治理中的作用，这非常重要。四川省青神县高台镇的“一核三微”就是很有价值的探索与经验，“一核”就是以党组织为核心，“三微”就是微阵地、微组织、微基金。村庄通过各种功能的社会组织，为村民提供多样的便民服务和互动活动，发动村里人一起讨论乡村发展与规划。这个乡镇通过各种社会建设活动，充分调动村民参与的积极性，在激发内生动力方面起到了非常重要的作用。

有效的社会组织与社会建设，一方面促进了国家现代化发展，另一方面也增强了社会凝聚力，保证了社会稳定，进一步夯实了执政基础。对于中国的乡村建设来说，我们应该认识到社会建设的必要性，应该为社会建设留出足够空间，构建社会建设的长效机制，激发群众的内生动力；应该探索多种渠道的社会建设形式，借助社会建设实践进行政策宣传。

乡村振兴与均衡发展

国际著名农业经济学家、斯坦福大学教授
罗斯高（Scott D Rozelle）

精彩观点

1. 中国要发展，就得让低收入者慢慢变成中等收入者，最基础的就是要提高低收入者的健康、教育以及他们全面发展的水平。
2. 中国要想成为一个靠技术、靠发展、靠科学提高经济发展水平的国家，解决收入不平等的问题，必须充分重视人民教育水平的提升。
3. 加强成人培训、加大教育投资，尤其是对农村 0~3 岁孩子的投资，提升 3~6 岁幼儿培训的质量，是非常重要的问题。

乡村振兴与均衡发展下一步的工作是什么？中国贫困率从曾经的 88%，降到 2015 年的低于 1%，再到今天贫困率为 0，中国是怎么做到的？改革开放后前 10 年提高农民的积极性依靠生产责任制，20 世纪 90 年代从农业转向非农业，2000 年以后，大部分农民都离家在外打工，工资越来越高，持续30年的贫困率就降下来了。2015年以后农村剩余人群是真的很穷，政府就专门针对这些人开展精准脱贫工作。

贫困水平越来越低，但收入不平等现象越来越多。贫困减少了，为什么不平等率却上去了？这是因为整个中国的人口结构发展的速度不一样。有一位大学学者写了一篇关于中等收入人群发展的文章，里面讲到2002年的中国只有2%的人达到了国际中等收入的水平，而现在已经是33%以上，这些人基本上都是城里人，农村只有4%的人是中等收入的群体，所以收入不平等依然是一个比较大的问题。

当大家的收入都在提高时，在中等收入人群中城里人提高得更快，而低收入者中有80%左右是农村的，所以中国低收入的问题就是农村的问题，不平等问题就是农村与城市发展不平衡的问题。所以中国要发展，就得让低收入者慢慢变成中等收入者。我觉得最基础的就是要提高低收入者的健康、教育以及他们全面发展的水平。按照OECD（经济合作与发展组织）的标准，人们要从低收入者变成中等收入者，至少要提高教育水平。

为什么中国的低收入人群中，农村人那么多，这是因为他们的人均资本不够。按照学历来说，在2015年中国人口中，30%是高中以上学历，70%的人没上过高中，这方面中国比南非、墨西哥、土耳其等落入中等收入陷阱里的国家还低。所以我认为中国要想成为一个靠技术、靠发展、靠科学提高经济发展水平的国家，解决收入不平等的问题，必须充分重视人民教育水平的提升。

但是由于目前拥有正式工作的人群比例越来越低，越来越多的人进入非正式工作产业中，尤其是进入非正式的劳动密集型服务业，会导致拥有正式工作的人与拥有非正式工作中的劳动者的收入差距进一步拉大，这也是中国必须面对的一个重要的问题。因此加强成人培训、加大教育投资，尤其是对农村 0~3 岁孩子的投资，提升 3~6 岁幼儿培训的质量，是非常重要的问题。

投资儿童领域，是均衡发展的重要路径

联合国儿童基金会驻华代表　芮心月（Cynthia McCaffrey）

精彩观点

1. 对于各国而言，投资儿童领域就是在投资一个繁荣的世界和一个美好的未来。
2. 除了经济层面，我们更应关注儿童在获得优质教育、医疗、住房、水和环境卫生设施方面的多重匮乏问题，以保障所有的儿童都能充分发挥他们的发展潜力，创建更强大的社区、社会以至实现全世界的繁荣。
3. 最大限度加大对整个儿童时期，特别是最关键阶段的投资。

对于各国而言，投资儿童领域就是在投资一个繁荣的世界和一个美好的未来。根据联合国儿童基金会的使命，我们也与中国政府开展了合作，确保我们的工作能够得到时间的检验，以实证为基础，从而加以推广并产生切实影响。但是除此之外，我们还是要汇聚更多的力量，为此我们也与慈善组织、爱心人士等相关各方一道携手，希望能够汇聚更多专业知识和力量，调动和发挥大家的资源和专长，推动实现这一目标。实现公平均衡的发展，聚焦农村发展的干预措施也是一项非常关键的举措，在此方面还是要投入更多的资源和人力。

第一，消除儿童多维贫困，是实现均衡发展的重要举措，中国在消除农村极端贫困方面已经取得了显著的进展，在此方面联合国儿基会也和中国政府积极开展相应的合作，致力于为所有的人群，包括最弱势的儿童，能够使他们从中获益，尤其是在农村地区。除了经济层面，我们更应关注儿童在获得优质教育、医疗、住房、水和环境卫生设施方面的多重匮乏问题，以保障所有的儿童都能充分发挥他们的发展潜力，创建更强大的社区、社会以至实现全世界的繁荣。

第二，对于社会服务队伍的投资，也就意味着对儿童福利以及社会救助体系骨干力量的投资。社会服务队伍是一线工作者，比如说我们的被照料人可以获得相关的咨询或者日间照料的支持，通过与社会救助服务体系相匹配的社会工作服务，家庭就能获得坚实的缓冲，并且逐渐脱离弱势的处境。在我们的工作当中，我们发现相比于城市，农村地区的社会服务队伍在数量和力量、能力上都有待提升，因此联合国儿基会也和民政部开展合作，加强这些地区的专业和准专业的服务队伍建设，确保儿童和家庭都能获得均等的服务。

第三，最大限度加大对整个儿童时期，特别是最关键时期的投资。第一个关键时期是 0 到 3 岁，可以开展儿童早期发展的项目，为相关工作人员提供培训，以及支持家长和照护人的积极育儿实践。第二个关键时期就是青少年时期，这一阶段更要关注他们的心理健康的问题。

第二篇

社会力量与乡村振兴

习近平总书记指出："全面建设社会主义现代化国家，实现中华民族伟大复兴，最艰巨最繁重的任务依然在农村，最广泛最深厚的基础依然在农村。"脱贫攻坚取得全面胜利后，我国"三农"工作重心，发生了从脱贫攻坚向乡村振兴的历史性转移。

无论是在过去的脱贫攻坚阶段，还是当前巩固脱贫攻坚成果同乡村振兴的有效衔接阶段，企业、社会组织和志愿者等社会力量都扮演了非常重要的角色，发挥着重要的拾遗补阙作用。

《乡村振兴战略规划（2018—2022 年）》中提出："健全社会力量参与机制，引导激励社会各界更加关注、支持和参与脱贫攻坚"；"凝聚全社会力量，扎实有序推进乡村振兴"。社会力量参与构成了我国乡村振兴的重要特色与优势之一。

第九届中国慈展会聚焦"社会力量与乡村振兴"开展专题研讨，围绕民营企业、社会组织、公民个人积极参与巩固拓展脱贫攻坚成果与全面乡村振兴的有效经验，进行了总结和探讨。在促进帮扶地区特色产业提档升级、补齐社会事业短板弱项、改善农村人居环境和乡风文明建设、推广农村电子商务、探索数字乡村建设等方面，社会力量输出了重要创新经验。

数字公益为乡村振兴添“智”提“质”

中国互联网发展基金会副秘书长　彭锋

精彩观点

1. 充分发挥互联网行业优势，精准发力，多点联动，助力数字乡村建设。
2. 积极营造良好的舆论氛围，持续壮大正能量声音，多元融通，全媒传播，传递数字乡村理念，将每家网信企业、每一个互联网平台、每一位网民凝聚成乡村振兴的强大动力。
3. 人才是乡村振兴的重要战略资源和内生动力，在数字乡村建设中，建立多层次数字乡村人才支撑体系，既要扶贫，又要扶智。

习近平总书记指出乡村振兴是实现中华民族伟大复兴的一项重大任务，加快推动数字乡村建设，既是乡村振兴的战略方向，也是建设数字中国的重要内容。

2021 年，中央一号文件明确提出全面推进乡村振兴，提出“实施数字乡村建设发展工程”“加强乡村公共服务、社会治理等数字化智能化建设”“发展农村数字普惠金融”等多项具体要求，数字乡村建设的大幕已徐徐拉开。中国互联网发展基金会作为中国互联网行业的全国性公募基金会，始终着眼于网络强国建设和国家重点战略，牢牢聚焦重点任务，突出网信特点，立足公益渠道，筹集社会资金，整合数字资源，积极投身乡村振兴建设。我们将在以下三个方面持续发力，为乡村振兴添“智”提“质”。

首先，充分发挥互联网行业优势，精准发力，多点联动，助力数字乡村建设。筹建数字乡村专项基金，依托网络公益联盟，以公益项目为牵引，积极凝聚互联网领域的数据、平台、流量等优质资源，围绕信息技术建设、公共执政平台、乡村数字经济、智慧绿色乡村多个维度开展工作，为乡村振兴注入强劲动力。

其次，积极营造良好的舆论氛围，持续壮大正能量声音，多元融通，全媒传播，传递数字乡村理念，我们持续通过网信领域的协调、联动及优势互补，充分调动互联网的传播优势，动员亿万网民和社会各界共同参与数字乡村建设，将每家网信企业、每一个互联网平台、每一位网民凝聚成乡村振兴的强大动力。积极筹划数字乡村传播项目，宣传数字乡村战略，营造全社会广泛参与数字乡村建设的理念认同。

最后，抓住人才振兴关键，建立人才支持体系，紧盯教育，激发建设内生动力。人才是乡村振兴的重要战略资源和内生动力，在数字乡村建设中，建立多层次数字乡村人才支撑体系，既要扶贫，又要扶智，培育一批数字乡村领域组织型的人才和领头羊尤为重要，我们着眼于可持续发展，不断强化在乡村振兴内生动力上的拓展实践，为实现城乡治理均衡努力探索。

用心做企业　用爱做慈善

宁夏宝丰集团有限公司董事长、宝丰燕宝慈善基金会理事长、
“中华慈善奖”获得者　党彦宝

精彩观点

1. 坚持用心做企业，用爱做慈善，通过捐资助学、人才培养、产业带动、建设民生项目等方式，努力为繁荣地方经济，助力脱贫攻坚、促进乡村振兴与均衡发展举力担当。
2. 支持人才发展，激发乡村振兴内生动力。以企业高质量发展，促进均衡发展与共同富裕。心系乡村发展，助力实现农业强、农村美、农民富。
3. 产业兴旺是乡村振兴的重要支撑，生态宜居是乡村振兴的基本要求，农民富裕是乡村振兴的最终体现。

习近平总书记指出，民族要复兴，乡村必要振兴。面对这一新的伟大征程，民营企业作为推动经济社会发展的主力军，必须要当先锋、做表率。公益慈善作为第三次分配的主要方式，更要

积极发挥重要的作用。

宝丰是一家在宁夏成长起来的企业，多年来，我们始终坚持用心做企业、用爱做慈善，通过捐资助学、人才培养、产业带动、建设民生项目等方式，努力为繁荣地方经济，助力脱贫攻坚、促进乡村振兴与均衡发展举力担当。

一、支持人才发展，激发乡村振兴内生动力。西部地区落后于东部发达地区，除了自然条件和地理位置因素外，更重要的是人才支撑不强。我们加大对落后地区乡村教育的扶持力度，为乡村振兴培养更多高素质的人才。2011 年，我们成立了宝丰燕宝慈善基金会，每年拿出企业 10% 的利润，大力投身公益慈善。聚焦宁夏贫困地区和落后乡村，以教育助学为杠杆，帮助宁夏低收入家庭的孩子用知识改变命运，带动整个家庭过上幸福小康生活。10 年来，已累计捐资 25.83 亿元，帮助 25.67 万名青年学子求学圆梦，为 20 多万个家庭减轻了经济负担，成为全国规模最大、覆盖面最广、持续时间最长、受益群众最多的助学项目。目前已经有 14.4 万名受助学生毕业，其中返乡就业、创业人数占到 70% 以上，他们以不同的方式积极投身家乡的建设，成为乡村振兴的新生力量。

为进一步发挥“教育助学”在助力乡村振兴中的杠杆作用，从 2022 年起，我们新增捐资 60 亿元，对宁夏考上大学的孩子全部进行资助，每年捐资 6 亿元、受助人达 13.4 万，每人每年奖励 4000 元，4 年 16000 元，直至完成学业。我们是全国首家也是唯一一家面向全省区大学生实施全覆盖资助的民营企业。

二、以企业高质量发展，促进均衡发展与共同富裕。目前，我们公司每年纳税 30 多亿元，员工达到 2 万人，其中 80% 以上都来自于农村。与此同时，我们也建立了科学合理的员工薪酬增长机制，从内部逐步缩小员工的收入差距。每年全员收入涨幅保持在10%~15%，尤其是低收入员工的涨幅几乎是高收入员工的2倍。我们还不断提高员工的“五险一金”缴纳比例和福利标准，设立帮扶资金，出台每人高达30万元的大病救助帮扶政策，让员工有更多的获得感、归属感、幸福感，真正实现员工与企业共创、共享、共富。

三、**心系乡村发展，助力实现农业强、农村美、农民富。**产业兴旺是乡村振兴的重要支撑，生态宜居是乡村振兴的基本要求，农民富裕是乡村振兴的最终体现。我们对宁夏银川黄河东岸16万亩荒漠化土地实施了可持续生态治理，并因地制宜种植苜蓿、枸杞、经济林、中草药等地方适生性作物。为把生态效益进一步转化为经济效益，我们在生态修复的土地上，立体化建设智能光伏电站，创建了“上方发电、下方农业发展”的“农光一体化”产业新模式，目前，该区域的植被覆盖率由30%提高到了85%，让昔日的荒漠变成了绿洲。这一模式，有效改善了乡村基础设施，带动了当地移民群众稳定就业增收。公司每年生态治理、枸杞采摘、光伏组件清洁等工作，可提供劳务用工约10万人次，为近2000家农户平均每户增收4万多元。生态治理让农村美起来，发展经济让农业强起来，产业带动让农民富起来，真正促进了全面乡村振兴。此外，我们还在生态移民安置区捐建了9所学校和17所卫生院，开展结对帮扶，在乡村绿化亮化、道路建设，安全饮水、农机配置等方面提供支持。

四、**投身公益医疗养老，建立乡村振兴和均衡发展新支点。**

我们本着公益理念，投入100亿元，打造了“医、养、教”相融合的创新型康养基地。包括万户居家式的养老社区，大型的三甲综合医院及一站式优质服务的教育资源，着力构建集“活力康养、健康管理、医疗保健、临终关怀、祖孙同乐”为一体的服务体系，努力满足宁夏及周边地区群众多层次、多样化的优质医疗与养老服务的需求，以全新的模式为乡村振兴和区域均衡发展注入新动能。

连接共创能力，助力乡村振兴

腾讯可持续社会价值事业部负责人　陈菊红

精彩观点

1. 在实践中寻找最适合乡村发展的方式方法。试点成功后以点到面，从一个试点变成一个县，再通过平台的横向连接功能覆盖到全省乃至全国。
2. 在乡村建设方面，一方面促进人才的培育，另一方面构筑平台，发挥技术能力，发挥智慧产业的作用。
3. 用公益的心态、商业的方法、技术的能力去连接这一切，使得将来这个社会能够共生、共建、共富、共享，早日达到共同富裕的目标。

产业振兴、文化振兴、人才振兴、生态振兴、组织振兴等乡村振兴是一个有机联系在一起的系统性工程。腾讯公司思考的是助力政府去完成这样一个大的战略，在这个过程中，充分发挥技术和连接能力，激活众创力量，推动社会各界共同努力，使得这一目标早日顺利达成。

2007 年腾讯公益慈善基金会创立，便期待能够充分发挥腾讯互联网平台和慈善基金会的作用。在 2008 年汶川地震中，互联网公司充分显示了社会化救助抗灾的速度；2009 年腾讯继续深入基层乡村，探索能为乡村发展与创新做些什么。我们当时派了 11 个很有经验的产品经理下去，甚至挂职，充分利用当地特色，或通过构建文化产业，例如建设文化博物馆、特色民宿的方式助力地方脱贫；同时充分发挥腾讯平台的连接能力，降低慈善公益的门槛，点燃广大网民与企业的热情和向善之心。

在横向上，充分发挥平台连接能力，腾讯基金会在 15 年的发展中，降低了公众参与公益慈善的门槛，点燃了广大网民的热情和向善之心，连接了近万家企业进行捐赠，使得我们不仅在乡村振兴领域，而且在公益慈善行业内很多领域都得到了大力支持。在纵向上，尝试以单一试点入手，成立了如“为村”平台、AI 实验室等，在实践中寻找最适合乡村发展的方式方法。试点成功后以点到面，从一个试点变成一个县，再通过平台的横向连接功能覆盖到全省乃至全国。截至 2021 年 10 月，全国有 30 多个省（自治区、直辖市），16000 个村社加入了“为村”平台，线上注册的村民达 250 万人，村民们在平台上表现活跃，在村务、政务的连接上起到了上下贯通、交流的作用。

在这样一个横纵发展的模式下，腾讯以推动可持续社会价值创新为公司文化底座，不断思考如何在乡村可持续发展的道路上，进一步发挥科技和互联网的作用。因此在乡村建设方面，一方面促进人才的培育，另一方面构筑平台，发挥技术能力，发挥智慧产业的作用。在 99 公益日期间，上线如“耕耘者计划”等乡村振兴项目。另外还率先助力乡村的基础医疗、基础教育，希望支持这些公益领域的社会组织和“毛细血管的力量”发展起来，一起使得乡村振兴这个课题完成得更好。

在这个过程当中，也充分发挥腾讯自身的志愿者力量和技术能力。不管是对消费者、产业还是社会，我们一直采用三位一体的共生模式。在探索乡村振兴这条路上，我们一直希望是可持续的，用公益的心态、商业的方法、技术的能力去连接这一切，使得将来这个社会能够共生、共建、共富、共享，早日达到共同富裕的目标。

乡村振兴：公益机构的使命与担当

国务院参事、友成企业家乡村发展基金会副理事长　汤敏

精彩观点

1. 从精准扶贫到乡村振兴，我的理解主要有三点。第一，普惠性。前者只针对几千万人，而后者涉及更多的人，要惠及我们的五亿农民。第二，可持续性。前者有具体时限，只是短时间任务，而后者是长期的，一定要可持续，故而需要“造血”，在就业、盈利，还有税收方面下功夫。第三，培养人才，尤其是当地人才。
2. 中国公益未来的努力方向。第一，更大规模的社会参与。第二，更创新的参与模式。只有模式创新，才能吸引更多人参与。第三，联合起来才能干大事。任何一个或是几个公益机构都不能完成乡村振兴如此庞大而繁复的任务。
3. 乡村需要产业发展、教育发展、健康发展，还需要更大规模的推广，更大规模的社会参与，更创新的模式。

从精准扶贫到乡村振兴，我的理解主要有三点。第一，普惠性。前者只针对几千万人，而后者涉及更多的人，要惠及我们的五亿农民。第二，可持续性。前者有具体时限，属于短时间任务，而后者是长期的，一定要可持续，故而需要“造血”，在就业、盈利，还有税收方面下功夫。第三，培养人才，尤其是当地人才。

中国公益未来的努力方向：第一，更大规模的社会参与。第二，更创新的参与模式。只有模式创新，才能吸引更多人参与。第三，联合起来才能干大事。任何一个或是几个公益机构都不能解决乡村振兴如此庞大而繁复的任务。那么如何才能做到这三点呢？讲一下我们友成基金会的一些经验。

我们在贵州省雷山县龙塘村包了一个非常美丽的小山村，过去几年我们和融创公司一起，给这个村子投资了两千万元，在村里建了一个六星级的民宿，这是中国最漂亮的民宿。与此同时，我们还引进了各种资源，包括旅游、产业、教育、电商、玫瑰花种植、稻田养鱼产业等，很快这个村子不仅摆脱了贫困，还被评为贵州省乃至全国的乡村振兴典型。

山村试验成功之后，我们逐渐将其扩大到整个县。贵州省雷山县是国务院扶贫办（现为国家乡村振兴局）的扶贫点，也是我们友成基金会的扶贫点，2019—2020 年，友成企业家扶贫基金会累计帮扶投入雷山产业扶贫资金规模达 6636 万元，实施产业扶贫项目 12 个。主要用于扶持县域优势扶贫产业发展、贫困劳动力技能培训、易地搬迁后续产业帮扶等方面，包括蜂蜜、绿壳鸡蛋、羊肚菌、天麻、茶叶、稻田鱼等多个种植养殖产业。

如何进一步推广？如何大规模、高效率、低成本地培养乡村振兴人才呢？2015年，我们开展了一个新项目——友成乡村女性赋能系列项目，建立了一所服务乡村女性的香橙妈妈学堂，为女性提供电商培训，助力乡村女性就业创业。覆盖贵州、甘肃、江西、四川、河北等八省76个县200余个乡镇，其中国家级贫困县37个、省级贫困县42个。参与项目公益导师122人，直接培训受益学员16413名，间接受益8万多人。

我们认为还需要继续更大规模推广。我们和中国慈善联合会下属乡村振兴委员会合作策划了乡村振兴领头雁计划为返乡青年提供创业培训。中国有1000万返乡青年，这些青年非常重要，但是他们缺模式、缺资金，尤其是缺师傅。我们培训了8万多返乡青年，连续5个月为他们每天授课，内容包括农村政策、农村电商和农村金融三门必修课，养鸡、猕猴桃种植等各种选修课。其中，积极参与学习互动的学员可获得优秀学员称号，项目开展三期以来，共有600余人获得优秀学员称号，享受到不同程度的资源倾斜；学员完成规定课时后可获得由中国慈善联合会和清华大学社会学系共同颁发的证书。通过这种方式，我们推动返乡青年在农村创业以带动乡村振兴。

乡村振兴只能是农业产业的振兴吗？我认为不见得。2021年9月在政协双周座谈会上，我分享了友成将工业产业推动到农村地区的经验和一些个人看法。最早我们在新疆和田做过一个试验，6年前只有少数几家企业参与，现在已有500家企业在和田运营，创造了近7万个就业机会，并且都有迅速扩大规模的迹象。我们参与引进了鞋业、假发业、袜业，发展都特别迅速，在和田成立了专业化的产业园。之后，我们把和田经验推广到贵州雷山，在移民搬迁点招收了50多位苗族员工，假发业最高计件收入达每月3800元。总部在山东青岛的企业正准备把更多工序转移到雷山县，计划扩充到500人左右。之后，我们在贵州赫章也引入假发业，3个企业成功解决了当地500多名移民搬迁户在家门口就业的问题，为县里创造了1500多万美元的出口。同时，通过校企合作，我们为各种职业学校学生，提供了勤工俭学和实习的机会，并计划通过他们把加工点辐射到乡村。2020年，我们又在甘肃省通渭县引入假发业。短短几个月通渭县就形成了250多人的假发工厂，解决了大量陪孩子在县城读书妇女的当地就业问题。过去几年假发业向朝鲜、孟加拉国、非洲等国和地区输出了近百万人就业。

林毅夫教授提出，我们有5年窗口期。很多产业正在大规模向外转移，特别是疫情结束后，那么如何抓住这次机遇？我们提出让工业产业，特别是劳动密集型产业，向西部贫困地区转移。但是需要一些政策和方法，最好是“一县一品”，引进产业链，集约化生产。在东西协作对口帮扶基础上，增加产业转移专项对口支援项目。我国东部有几百个劳动密集型产业集群县，可以“一对一”“一对多”地对口支援国家乡村振兴重点帮扶县。

以上是从产业角度进行的分析，那么乡村振兴还需要什么？答案是需要更好的教育，我们推出了乡村青年教师社会支持公益计划，对乡村教师进行为期一年的系统性培训。我们邀请北师大、华东师大优秀的老师在互联网上提供公益培训，目前为止将近10万名乡村青年教师接受了培训。我们还将各种优质教育资源对接给他们。比如清华大学投资的爱学堂，将小学一年级到三年级的课程以卡通方式呈现，辅助老师进行教学，保证了更好的教学水准。

除此之外，我们还进行了村医培训，我们和红十字会、基金会合作培训村医，第一批培训了5000名村医。我们邀请中华医学会的老师进行乡村适应技术培训，并提供远程诊疗服务。对村医进行培训后，我们背包（全科医生助诊包）到农民家为他们做检查，将检验报告传到互联网上，由城市医院的医生通过互联网为农民看病，有了这些检验结果以后，就有了比较准确的诊断，快递把药品送到农民家里。那些不需要开刀的疾病，可以通过互联网医院诊治。

乡村需要产业发展、教育发展、健康发展，我们都做了一些典型试验。还需要更大规模地进行推广，更大规模的社会参与，更创新的模式，这是我们未来需要继续努力的方向。最后，乡村振兴是大事，需要我们联合起来行动！

创新突围：碧桂园助力乡村可持续发展

碧桂园集团助理总裁、国强公益基金会副理事长兼秘书长　罗劲荣

精彩观点

1. 相较于脱贫攻坚，乡村振兴战略内容更广、难度更大，关键是要有“造血”能力，要走一条可持续发展的道路。
2. 在乡村建设上，紧贴政策导向，为乡镇提供全链条的综合解决方案，做好政府业务对接，承接乡村振兴工作的有力支撑，打造可盈利、可持续、可造血的成体系帮扶模式。
3. 在乡村治理上，通过抓好“关键少数”，引领“绝大多数”。联动党员干部、优秀的农村青年、妇女、致富带头人等，打造党建共建平台。
4. 在乡村产业帮扶上，结合当地的自然禀赋和驻村单位的资源，做强乡村特色产业链，促进农村一二三产业融合。
5. 在乡村文化振兴上，我们发展村企共建、共享、共促的文旅产业经济。

碧桂园控股有限公司董事局主席杨国强及联席主席杨惠妍于2013年创立非公募基金会——国强公益基金会，并于2021年被评为广东省5A级基金会。基金会以“希望社会因我们的存在而变得更加美好”为愿景，以教育和文化为手段，以人的培养为中心，促进乡村振兴、社区发展，推动国家民族富强与人类社会进步。

2018年开始，碧桂园集团坚决响应党和国家号召，在各级党委政府的关心和指导下，把扶贫作为主业之一，成立200人的专职扶贫队伍，目前已帮扶全国16省57个县，助力超49万人脱贫。2021年2月，党中央、国务院授予集团董事局主席杨国强先生“全国脱贫攻坚先进个人”荣誉称号，这是对碧桂园集团扶贫工作莫大的肯定，更是对碧桂园、基金会今后工作的鼓励和鞭策。

脱贫攻坚时期，碧桂园明确“做党和政府扶贫工作的有益补充”，在各级党委政府的指导下，发挥集团自身优势，立足贫困地区实际，坚持精准方略，探索推进党建扶贫、产业扶贫、教育扶贫、就业扶贫等“4+X”扶贫模式，切实做到精准扶贫。

相较于脱贫攻坚，乡村振兴战略内容更广、难度更大，关键是要有“造血”能力，要走一条可持续发展的道路。碧桂园集团、国强公益基金会运用“1+5+N”的帮扶模式，借助多年来的扶贫实践经验和500强企业运营管理优势，联动政府、合作社、金融机构、村集体等力量打造“乡村振兴共同体”。

按照产业振兴、人才振兴、文化振兴、生态振兴、组织振兴的五大振兴20字方针，国强公益基金会成立了碧乡农业、国华文旅等社会企业，持续推进乡村振兴工作，做乡村振兴综合解决方案的提供商。通过系统的规划、设计、建设、运营、管理来开展乡村振兴工作。

其一，在乡村建设上，碧桂园集团、国强公益基金会以乡村振兴为核心，紧贴政策导向，为乡镇提供全链条的综合解决方案，做好政府业务对接，承接乡村振兴工作的有力支撑，打造可盈利、可持续、可“造血”的成体系帮扶模式。从规划、建造、培训和运营4个方面着力，发展当地文旅业。在充分尊重当地建筑文化及建筑工艺基础上，提升乡村风貌；优先使用当地工人、机械及材料，助力当地集体经济壮大；改善基础设施，改造特色民宿；组织运营团队人员培训，优先组织当地建档立卡户参与管家培训，培训通过后优先聘请贫困户参与项目运营。

其二，在乡村治理上，碧桂园集团、国强公益基金会发展的思路是通过抓好“关键少数”，引领“绝大多数”。联动党员干部、优秀的农村青年、妇女、致富带头人等，打造党建共建平台。我们在各帮扶县建立一线党支部，选聘140名德高望重的“老村长”作为碧桂园集团扶贫“公益岗”，打造一支“不走的扶贫工作队”，破解部分贫困群众目标不清、志气不足问题，把“党建+扶贫”落到实处。

其三，在乡村产业帮扶上，结合当地的自然禀赋和驻村单位的资源，做强乡村特色产业链，促进农村一二三产业融合。我们在甘肃临夏东乡，打造了3个品牌，即东乡羊、东乡土豆和东乡刺绣。全国妇联主席沈跃跃曾说过，碧桂园集团、国强公益基金会通过发展东乡刺绣产业，增加了当地妇女的收入，改善了她们的生活，彻底改变了农村妇女的社会地位。从2018年开始连续三年东乡羊、东乡土豆、东乡刺绣每年给当地增收4000多万元，助力当地村民发家致富。我们还在四川凉山州三河村投资200万元打造特色餐厅、民宿等项目，推动扶贫和乡村振兴有效衔接。

其四，在乡村人才振兴上，我们重点关注乡村的五类人才，“老村长”、村支书、返乡扎根创业带头人、就业带头人及困难家庭学生，为他们提供所需的支持和帮助。碧桂园集团、国强公益基金会结合帮扶县资源禀赋培育和用好乡村人才。结合产业和市场需求，持续开展实用性强的技能培训项目，培养一批优秀的“农创客”“田秀才”“致富带头人”等乡村人才，服务乡村发展。联动高校、职业学校等力量，深度开展产教融合、校企合作，建设一批农业技术实习实训基地，通过碧桂园物业、酒店、家政服务等产业提供上万个就业岗位，吸纳乡村就业。同时，我们通过开办三所慈善学校，连续四年开展“心愿 100”爱心助学、举办东乡绣娘天才妈妈公益时装秀、乡村振兴主题美术作品展等活动，关心乡村文化、助力人才振兴。

其五，在乡村文化振兴上，我们发展村企共建、共享、共促的文旅产业经济。将文化资源与自然风光有机整合，打造一批特色文旅项目，优先使用当地工人及材料，带动乡村旅游和村民就业，让村企共享乡村建设发展的收益。

碧桂园集团、国强公益基金会结合帮扶县资源禀赋和自身优势产业，扶持特色产业发展壮大。希望通过产业发展，从“五大振兴”迈向“三个融合”。与此同时，我们希望在政府指导下，联合更多院校、企事业单位、媒体、专家学者、公益组织和村集体等，打造乡村振兴共同体，整合乡村振兴所需要的资源，并推动形成产业互助、责任共担、互惠共享格局，实现有利于乡村可持续发展的利益分配机制，助力实现共同富裕。

圆桌对话：社会力量参与乡村振兴的机遇与挑战

圆桌主持人：

北京大学法学院副教授、北京大学非营利组织法研究中心主任　金锦萍

圆桌嘉宾：

中国社会科学院社会学所研究员、北京农禾之家咨询服务中心理事长　杨团

中国农业大学人文与发展学院副教授、小云助贫中心总干事　董强

美丽乡村建设评价国家标准专家审查组组长、原农业部美丽乡村创建办公室主任　魏玉栋

鞍钢集团有限公司定点帮扶办公室副主任　郑开耀

精彩观点

1. 乡村振兴头顶天，下踩地。头顶天不用说，国家把我们天顶上了，现在下踩地做得不好。地就是村庄。要以村庄为本，只要把村集体和村民个体这两个主体结合起来，联合成为一个共同体，地就踩实了。而踩地这件事情，我觉得我们社会组织，尤

其是公益组织，怎么激发当地活力，怎么支持当地农民建立自己的公益慈善组织，是我们未来最重要的方向，因为他们才是拥有大量未被满足需求的人群。我们和他们结合，我们才能踩在大地上，才有力量。

2. 公益组织做的事情，要么是政府顾及不来，要么是因为没有效益而企业不去顾及的，要么是农民没有能力顾及的。因此，没有公益组织的社会，就不能算是一个完美的社会，甚至不是一个完整的社会。所以，对乡村振兴来说，公益组织将发挥更大更好的作用。同时，随着乡村振兴向前推进，我们的公益组织也会得到更大更好的发展。对此我是很乐观的。

3. 作为企业，我认为一方面，一定要有顶层设计，乡村振兴要做顶层设计，一张蓝图绘到底，保证方向性和持续性。另一方面，最终落脚点不在于我们花了多少钱，得到了什么名声。最重要的是老百姓对我们的评价。比如说，老百姓认为有了我们的帮助之后，经济好了，收入提高了，幸福感增强了，这就是对我们工作的认可。

4. 我认为乡村振兴是公益组织当下及未来较长时期内，迎来的最大发展机遇。从目前来看，可能社会组织有各种各样的困难，但是乡村振兴是党和国家包括全社会关注的重要目标，党和国家，包括企业

> 都会提供大量的资源并注入乡村。这是全社会关注的伟大事业，在这样的背景下，动员相关专业人士参与没有难度。我觉得社会组织最重要的是转变观念，真正把乡村振兴这件事情看得重一点，从乡村振兴出发，找到乡村振兴的短板，这恰恰是我们发挥长处的地方，我们去精耕细作，未来的发展空间是巨大的。

金锦萍：今天这个主题非常有趣，杨老师您从2002年就开始关注中国的乡村建设了，那个时候还没提乡村振兴，国家的战略方针改变之后，您也一直在研究。想请问您对乡村振兴的战略意义怎么看？为什么从那么早就开始关注这个问题？

杨团：我最早关注乡村建设是从乡村看病难这个问题开始的，这是个具体的问题，后来我发现解决这个问题不能就医疗讲医疗，乡村问题不只是医疗、教育的问题，还是农民收入低下的问题，城乡差距越来越大。我2002年关注乡村问题时，城乡差距还没有那么严重，后来越来越严重。尽管从2013年党的十八大之后，国家给农村提供了很大的支持，尤其是社会保障方面，国家全部包下来，但是农民的日子并没有过好，城乡差距持续加大。这也才有了党的十九大提出的乡村振兴战略，从现在起直到2050年的长期计划。乡村振兴是重大问题，中国不能一面是繁荣的城市，另一面是落后的村庄。过去说农民有七八亿人，现在最起码还有5亿人，他们生活得不好。这对中国这样一个大国，一个追求社会主义、要公平、要平等、要共同富裕的国家来讲，是不可容忍的。

中央现在提出要全党、全国、全社会都来做乡村振兴，这就把乡村振兴在当下和未来提到了一个大公益的高度。什么是大公益？不光是我们做公益慈善的人参与，企业界、社会各行各业都要参与。党和政府要把乡村振兴当做大事来抓。这样的大公益，包括了政府公益、企业公益，还有民间社会公益，大家都要参与其中。汤理事长倡导人人都要有几小时的参与，让大家都来共同关注乡村，共同把这个洼地填起来，让乡村的人和我们一起奔向更好的明天！

金锦萍：谢谢杨老师，她对弱势群体一直很关注，2002 年的时候就开始关注中国农村发展。我们探讨乡村振兴的时候，尽管可以放在大公益的范畴内去看，但我们还是想区分政府角色、社会组织角色、企业角色。公益力量参与乡村振兴，有哪些特有的优势？

魏玉栋：汤老师刚才提到乡村振兴是一个非常巨大的工程，乡村振兴中的“五大振兴”，涉及乡村社会的方方面面，还涉及城乡之间如何融通，如何共同发展，以及乡村之外的内容。所以，正如汤老师所说，与脱贫攻坚比起来，这是一件更加艰巨的任务。如此一项世纪工程，需要各方面的力量，我相信在这当中，以公益组织为代表的很多社会组织，一定会发挥一些很好的作用，有自己的空间和位置。

谈到这儿，我想到 2021 年 9 月的时候，作为主席团评委，我参加了第十届公益慈善项目大赛的最终评选，有一个团队给我留下了非常深刻的印象。他们的项目叫做“千户万灯照亮计划”，专门为农村贫困残疾人改造照明线路。看到一户户最需要关怀的残疾人因为这样一项改造，这样一项善举，过上了更有质量的生活，更重要的是，避免了很多悲剧的发生，让这一部分社会群体生活得更有尊严，我非常感动。当然不止这一个项目，当天评审一共是 30 个项目，每个项目中都有令人感动的点。

公益组织参与到乡村振兴中，肯定有自己的优势，我认为至少有三点：第一个并且最大的优势就是，这些组织都有一个共同的姓氏，叫“公益”，都有一个共同的出发点，叫“公益心”。第二个优势就是公益组织本身来源于社会，是社会的一部分，因此对这个社会，尤其是社会的细节末梢都相当熟稔。第三个优势就是爱的传导作用。我们经常会遇到，不少被资助的人后来也加入到公益事业当中来。还有更多人因为被公益组织的善心所感染，加入其中。另外，社会对公益组织的信任度相对比较高，这一点也非常难得。正是因为这些优势，公益组织能够最及时、最低成本、最周全地把公益事业做好。

金锦萍：我看到了董强老师的《公益力量对接乡村振兴实践》一书，在公益力量对接乡村振兴重大战略的实践中，您的主要发现是什么?

董强：我 2015 年的时候和李小云教授一起在云南做脱贫攻坚工作。无论是脱贫攻坚还是乡村振兴，都是国家行动。面对国家行动，我们公益力量如何与其对接?我认为这是最关键的问题。脱贫攻坚初期，李小云老师曾经在《南方周末》发表文章，提到公益力量为何集体缺席。为什么是集体性缺席呢?并不是公益力量没有参与到脱贫攻坚中，而是在参与脱贫攻坚过程中，我们没有把公益的力量投入重心与脱贫攻坚的最核心目标结合到一起。

比如说，脱贫攻坚具体指“两不愁三保障”，我们在云南看到很多贫困村都去帮助贫困户盖房子，解决他们的住房安全问题。但是，我们能看到多少家公益组织去帮助贫困户盖房子？或者说给他们在盖房子过程中提供了什么支持？所以我想说的是，我们基于河边村的试验，提出公益组织能不能把我们真正的精力和政府关注的核心结合在一起。我们国内最优质的公益组织在这方面的实践，都体现了与“五大振兴”的对接。我们这本书也是基于“五大振兴”，希望把对接好的最典型案例挖掘出来，能够启发我们公益界的行动者！

金锦萍：您感觉能做出判断吗？现在的公益慈善组织有多少有这个能力参与其中？大家都想盖房子，真正盖好房子，盖成房子的有多少？

董强：我觉得汤老师的发言很有启发性。我们大家都知道，公益组织大多数都是力量比较薄弱的，无论是资源上，还是团队上，我们没有多少专业的队伍，但是，我们有非常大的优势，就是动员社会的能力。在云南河边村扶贫时，我们没有建筑规划师，但是我们可以动员上海、深圳、北京的规划师，以志愿者的身份参与到进程当中。金老师有这样一个担心是正常的，但是这个担心也是不完全对的，我们完全可以动员社会的专业性力量，来弥补我们在资源和人力上的不足。

金锦萍：接下来请鞍钢集团的郑开耀先生，介绍一下从精准扶贫到乡村振兴战略转型过程中，鞍钢集团都做了哪些工作？

郑开耀：我先简单介绍一下鞍钢集团。鞍钢集团有限公司是国务院国资委管理的中央企业，重组本钢后，钢铁产能达 6300 万吨，在钢铁产业内是世界第三，中国第二。作为一家中央企业，在此分享一下鞍钢作为中央定点帮扶单位，在乡村振兴中的一些做法。

第一，党建引领促进乡村振兴。习近平总书记强调党对国有企业的领导是重大政治原则，必须一以贯之。我想在乡村振兴过程中，坚持党对乡村振兴的领导也必须一以贯之。这包含两方面内容，作为中央单位来讲，一方面，我们公司党委高度重视，召开了党委专题会议研究定点帮扶计划，制定“十四五”接续帮扶方案。另一方面，我们加强基层党组织建设，通过借鉴国有企业的党建优势，夯实基层党组织，促进乡村振兴。

第二，产业帮扶促进乡村振兴。企业有企业的优势，企业本身就是市场化经营、自负盈亏的实体，可充分借助企业产业化的思维优势和产业力量，帮助地区发展产业。比如说聚焦贵州省重点发展的刺梨产业。我们组织专家研究论证后，决定援建一条刺梨生产线，将鲜果变成干果，便于储存。我们和知名企业合作研究市场营销方案，生产线建成后，产品马上可以卖出去，让当地种植刺梨的老百姓有收益，能够解决实际问题。

第三，消费帮扶促进乡村振兴。这也是为群众办实事的重要内容。因为我们的企业人员比较多，将近 10 万员工，怎么发动我们这么多员工参与到帮扶行动之中？我们专门制定了消费帮扶方案，动员我们内部的食堂，我们的酒店，包括我们自己的职工，还有外部的一些上下游单位来参与消费帮扶促进乡村振兴的工作。2021 年消费帮扶总额超过了 5000 万元，帮助贫困地区解决了大问题。

第四，人才帮扶促进乡村振兴。根据地方政府要求，2021 年在新疆喀什塔县派驻的人员比去年还多了两名。2021 年 7 月，我们的工作组接到了修边境公路的任务，历时 55 天在帕米尔高原，海拔 4600 米到 5300 米的永冻区域，修了 25 公里抵边公路，得到了地方政府的高度赞誉。我们的派驻干部，通过他们的艰苦努力，为鞍钢、为国资、为央企赢得了赞誉。同时，我们在教育、医疗各个方面也都做了很多工作，不再一一列举。比如今年我们也投入了 1000 万元资金帮助鞍山市困难民警、困难退休职工、困难退役军人，等等。作为中央企业和国有企业，我们是党的企业，是人民的企业，应该为人民办事，为人民服务。

金锦萍：我们这一环节的讨论不仅有来自央企的代表，也有来自民企的代表，例如碧桂园集团的代表。汤老师代表的是公益组织，董强的助贫中心也是。乡村振兴是全国一盘棋，需要各种力量参与。那么我们社会力量和政府部门相比，在乡村振兴中的独特性体现在哪里？国家已经颁布了乡村振兴法，全国上下都在关注这个问题，什么是社会力量参与并能够提供补充的呢？

杨团：我认为对社会力量的认知确实需要分辨清楚。比如董强提到，小云在 2015 年说社会力量集体性缺席，但他的例证说的是，社会力量没有参与为贫困户盖房子，没有和核心的国家扶贫目标对接起来，对此我有一点不同意见。在座各位和线上的很多公益慈善组织，这么多年来都在帮助乡村，特别是帮助儿童，几乎所有的综合性组织都有一个小项目是帮助乡村特别是农村留守儿童，像免费午餐计划等。社会组织做了很多倡导性工作。我想说的是，这些活动其实一直存在，为什么说集体性缺席呢？这实际上是一个什么问题呢？

第一，我认为原因在于社会力量，特别是公益性社会力量是非常分散的，在乡村振兴这样一个大主题面前，没有有效地组织起来。助力乡村还只是出于良心的、人道的情感，而没有上升到国家行动，家国一体的高度。不管是过去的扶贫还是现在的乡村振兴，都显然没有站在这样的高度来思考问题。

第二，我们对公益的认知有问题。我自己从事支持农村的工作很多年，我很明白我在做的是什么，但是过去经常有人说，杨老师你做的那些事情，根本不是公益。你帮农民做医疗合作社，后来又帮他们做生产合作社，这些事情能算公益吗？要么就是经济，要么就是社会政策领域的一种研究和实践相结合的行动，那是学术，跟我们公益界做的拿出钱来共同捐助，帮助小孩子、老年人，不是一回事。所以，我经常说《慈善法》很重要，其第三条把这些都囊括在一起了，科教文卫体都包括在内，最后还有一条兜底条款，这说明，只要是民间为公益做的事情，都可以纳入大慈善范围。我要强调的是，慈善要宽泛，千万不要窄化，慈善要有高度，千万不要矮化。说慈善界集体缺席，其实是思想意识上没有把我们的行动放在大慈善的范围去理解。大慈善里包括传统慈善和现代慈善，现代慈善就是民间公益。它不仅将国家的需求，还有普通老百姓、广大农民的需求，都纳入进去，这些需求不是简单的穿衣吃饭，吃饱穿暖，而是整体性的生活质量提升。乡村主体要和城市主体一道前进，一定不能落下，一定要形成一种城乡平衡的格局。所以，所谓的集体缺席是对公益认知的集体意识缺席。

那么，要解决这个问题，除了意识上要大大提升之外，还要有点方法论。我们要找到社会力量，或者公益慈善的社会力量最擅长之处。一方面是和政府比，另一方面是和企业比。我认为公益慈善的社会力量最长之处，也是它最短之处。最短的是什么？公益慈善没有那么多的物质资产，更多的其实是非物质资产。而政府和企业，手上都有大把的物质资产。再说跟公益沾边的，包括我们做学术研究、政策研究的这些人，是靠我们的思想，靠我们的意识、智力去做规划，去探索路径，打通淤点堵点，推进更切合实际的跟一刀切不一样的政策研究，这些是我们的所长。把我们脑子里的东西变成实践，然后用实践做检验。比如小云，他就是做组织、规划，动员各方力量去河边村做公益。这些是社会力量所擅长的，创新首先出自思想，思想引领行动，所以社会力量的创新性强。遇事不唯上，只唯实。这个事情好像不应该这样办，是不是换一种方式办就更适合了呢？所以我们要发挥所长，不要去和其他人争短长。

金锦萍：我们不像政府那么有权力，不像市场那么有财力，只能靠我们的智慧和精神。

杨团：我们不是纯粹只有精神，物质的东西会跟着它来，物质的东西是做配套的，我们不像政府或者企业，物质是主体，精神可能是配套的。

金锦萍：政府估计也不太承认这一点。魏玉栋先生，您在原农业部做过美丽乡村国家标准的建设，对美丽乡村的标准是怎样的考量呢？

魏玉栋：谈到美丽乡村，我们是从 2013 年年初开始推向全国的。当时推的时候，就一直在思考这件事情怎么干，尤其是怎么干好，就是思考在乡村建设过程中，几股力量怎么分配运用的问题。实际上，我们仔细分析一下，无论是美丽乡村，还是当前的乡村振兴，乡村建设中的力量可以说主要有四股，首先是农民群众，他们是美丽乡村建设和乡村振兴的主体力量；其次是政府，政府是最主要的引导力量；再次是市场企业，企业是不可或缺的重要力量；最后就是社会组织了，他们是乡村建设的“黏合剂”和“营养师”，是乡村越来越需要的力量。

在乡村建设过程中，这四股力量先要形成合力，这是毋庸置疑的。问题是其在合力中分别发挥什么作用。我再稍微展开说一下。

我一直有个观点，就是美丽乡村建设也好、乡村振兴工作也好，先要弄清楚谁是主体。当时在起草美丽乡村建设国家标准的时候，我力主把“农民主体”这个词写到国家标准里面，美丽乡村建设的主体不是政府，主体是农民群众。另一个词也是我主张写进去的，就是“政府引导”。后来中央文件里面大家都看到了，也是这么表述的。所以说，要清楚的是，乡村建设的第一个主体是农民群众。

第二个是政府，政府发挥的是引导作用，主要做推动和引导这些事情。但是不能越俎代庖，可是很多地方政府现在做的就是越俎代庖，这跟我们当时设计的时候有点偏差，引起了很多问题。其实最主要的问题是，各级政府很多领导和干部特别累，天天在农村，花了很多资源，用了很多心思，但是建设出来的东西，老百姓不认可、不喜欢，为什么呢？是因为政府发挥了主导作用，不是引导作用，这和我们当时的设计有偏颇。

第三个是市场主体，以企业公司为代表，对乡村建设来说，这是一股越来越关键的力量。从乡村振兴过程中可以看到，实际上我们在理念上，经历了一个变化，总的来说是支持企业参与到乡村振兴中，也有很多支持政策，譬如说相关政策最近专门做了一个梳理，推出了一份文件，就是把支持企业参与乡村振兴的政策作了一个汇总。大家若有兴趣可以看一下这个文件。

第四个是社会组织。乡村建设有个阴阳平衡的问题，当前出现了一种偏颇，就是“硬”的做得比较多，而“软”的恰恰是乡村最欠缺的。从某种意义上来说，社会组织弥补了这方面的一些不足，确确实实发挥了一种不可替代的越来越重要的作用。

金锦萍：关注社会力量参与乡村振兴的时候，政府提出基本工作服务城乡一体化，基础设施也是。我想政府在基本的服务提供上面，努力做到城乡区域一体化，在这个进程中公益组织还有多少空间？实际上按照“五大目标”，在这样一个进程里面，公益力量所特有的是什么？

董强：我还是围绕在河边村的实践来谈。中国农业大学当初在昆明做乡村振兴实验，推动城乡公共服务一体化。这其中遇到了非常大的一个挑战。大家知道，在城市的公共服务维护靠的是税收，政府资源或市场资源，可以满足城市当中的服务需求。但是在乡村，从市场趋利的角度，市场不愿意去做，因为收益率很低。政府的资源和财力，乡村又非常短缺。在这个过程中，要改善、提升公共服务，很重要的突破点在于我们能否为社区带来一些新的公共服务，或者能否完善旧有的服务。服务提供的背后是要有财力的支持。实验村很重要的实验内容是要壮大集体经济。

如果集体没有钱，村民如何能得到服务呢？按照这样的逻辑，就是要把村庄集体经济壮大，其中很重要的是村庄集体资产必须要有一个运营主体，没有运营的主体怎么对接市场？怎么组织社区里面各种的资源呢？所以基于这些方面，我们主要就是帮助、推动村里建立集体资产的运营公司。

有了集体资产运营公司以后，得有人，得有运营团队，我们得按照城市待遇吸引返乡青年，让出去的人回来。当然，我们还要引进外面的人才到我们这里做执行团队，所以就得有一个产业，否则，没有产业就要种地，效益很低。有产业，有返乡青年，由这两个方面带动公共服务供给。

金锦萍："五大振兴"息息相关，比如说人才振兴，没有基本公共服务人才怎么振兴？没有产业怎么让人才留到当地？我们企业有能力，但是企业的主要功能是创造财富。开耀先生，鞍钢作为国企和央企在精准扶贫、乡村振兴中做出了很大贡献。企业发展中，我们做乡村振兴面临什么样的挑战？从你的角度来看，要鼓励更多的企业，不光是央企，还有我们的民企，参与到乡村振兴中，那么有哪些鼓励政策、支持政策是我们要考量的？

郑开耀：从我的工作实践中谈一点看法，我们中央企业也是社会力量的一部分。我们在乡村振兴过程中起什么作用？我认为就是帮扶，相对地，政府是主体，发挥引导作用。帮扶要考虑三个问题，即帮什么，怎么帮，帮到什么程度。帮什么？要沉下去，根据区域的特点、资源禀赋、人文条件，缺什么就帮什么。怎么帮？是多方面的，比如是缺产业？缺人才？还是地理位置不好？这需要因地制宜，因村制宜来做。比如，在村里面发展集体经济，农村合作社做第一产业是可以的；但是从我们的实际体验来看，若想发展第二产业，比如说制造业，这个平台至少应该放在县级以上。为什么呢？因为在村里、乡里面没有人才支撑、技术支撑、组织支撑的话，很难发展起来。即使建起来了，我们一旦撤走也很难持续下去。产业帮扶的核心是我们帮助他们把产业建立起来以后，让它可以完全的市场化、本地化运营，在我们撤离之后，这个产业可以持续运作，持续创造效益，这样才可以让地方的产业发展、经济发展可持续，最终让当地老百姓持续受益，如果我们帮扶一个企业，亏一个企业，显然就失去了我们帮扶的作用了。

杨团：你讲的大方向是对的，工业只能在县里，乡和村一般而言都不行。董强讲的我认为方向也对，产业是绝对绕不过去的。产业到底如何做？是本地的还是外来的？谁来做运营？没有具有运营能力的人全都白搭。概念上来讲是对的。因地制宜我认为是对的。要说明，农禾之家现在做的大量农村成功案例都是在乡和村一级的。一定要先强调村庄的特别重要性。我们过去忽视了，包括我自己也忽视了。我甚至有一段时间经常讲，有产业才能有人才。产业就得规模化，而乡镇才能搞规模化，才有产业，才有人才。但是现在回过头来看中国的情况，我认为过去忽视了最重要的一点，就是中国的制度和政策，是以村庄、村集体，包括村小组这些主体为本的。村庄村组的土地集体所有制是中国乡村乃至中国最重要的基本制度。土地是最大的资源，把村里的土地相对集中，因地制宜做整体规划，产业说什么都可以做起来，无论是跟外面市场的合作，还是村里自己做，然后再吸引人才。关键是，我们现在面临很大的障碍，因为我们的政策 40 多年来就是将集体的土地分田到户，个人包干，所以老百姓40多年来都是自己单门独户地干，这习惯已经跨代了，再要把土地经营权集中起来有很大的困难。这方面的问题是中央政策形成的问题，这就是为什么我刚才说的社会力量很重要的资源，是非物质资源。在国家主流政策难以转化的大形势下，用什么方式可以将土地重新集中起来，这样的探索很艰辛，但非常有创造性。我们这些人的努力主要是发现、提炼和总结乡村基层实践中的创造性经验。我们农禾之家就发现了四川战旗村以56年的村集体的实践，走出了土地集中整治，建设村集体与村民联合式共同体的路。当他们自己的创造性实践与国家政策相矛盾时，村集体就想办法做微妙的调和，结果在乡村振兴的元年，也就是2021年就提出了自己的整套经验。也就是当政府并没有下政策要做土地资源集中整理的时候，他们已经提前做了。他们是在实践中摸索和创造了属于自己村庄的发展之路。另外，我们还发现了一些村庄，不仅有一产也就是农业，还有二产也就是加工业，还有三产就是市场营销和文旅产业。一二三产在一个村庄融合。这说明不是只有县和乡可以做规模性的一二三产，村庄也可能内外结合，寻求自己的规模化产业之路。今天的村庄，他们做产业的土地自然是自己的，但是各种原材料、各类人才还有产品销售，都是与外部市场联动联通的。村庄已经不是昔日的固守村域的地方了，好的村庄已经发展为某类资源资产和生产品消费品集聚的小镇。它不是行政性的乡镇，而是社会经济性的集聚地。乡村的未来很可能要走这条路。只是每一地，每一区域当前处于不同发展阶段，有的还很原始，有的已经开始起步，有的已经站位很高了。所以，对中国农村不仅要分阶层，还要按照发展阶段分区域，按照资源条件分类型，分析各地最主要的资源，即劳动力、土地、资金这些传统生产要素及其结合的程度。例如，你们村没有返乡青年，得想办法去外面聘，聘的人能不能和这个地方合拍，人脉、产业熟悉不熟悉都是问题。本土化特别重要。所以，无论社会力量还是政府、企业，根本的要义是扶助本土资源、生产要素往上“长”，“长”的过程要分阶段分层级，在哪个阶段哪个层级就给哪阶段、哪层级的帮助。

汤老师讲到，好几万农村孩子学习网课，我发现学习是学习了，但是和他们自己想做的事情不沾边。问几个问题也答不上来，只是多长一点知识。所以，真正要搞好乡村，搞活集体经济，要遵循社区基层化原则。注重最底层的落地。最底层有难题，就向上一层求援，若上一层还不能解决问题，就向再上一层求援，这样层级逐级上推的治理机制非常重要和有效。

金锦萍：我们在乡村振兴中，首先，不要将乡村看作是一个客体，乡村本身是一个主体。其次，我们要尊重市场机制和市场规律，包括选择人才、产业，和其中的产权问题，还包括地域级别的问题等。企业是非常重要的力量，现代化法人治理结构、执行力、组织能力、技术转化能力等是它们的优势。社会组织和企业相比，各方面能力差很多，那么社会组织参与乡村振兴，面临的挑战是什么？

董强：在昆明的乡村振兴实验也动员社会组织参与，加入联盟的有 20 家社会组织，但是参与到 6 个村实验的，又不到一半。大多数社会组织有这个想法，但没有行动。这里面有方方面面的因素，并不只是某一个方面的影响。但是，从这不到 10 家社会组织的参与来看，我们发现，社会组织发挥的最大作用是补短板，补政府的、大学的，以及乡村的短板。杨团老师说得特别明确和清晰，社会组织在很多方面，既比不了政府，也比不了企业和大学。但是这些主体都有短板，比如他们都是短平快的，都有一个具体的规划，什么时间做什么事情。正如魏玉栋老师所说，乡村振兴过程中农民是主体，杨老师说的“长”的过程是一个缓慢的过程，谁来陪伴它？那么在这样一个过程中，很多力量无法陪伴，而社会组织是最容易陪伴乡村主体成长的。我觉得这是公益力量很大的优势。

但是在这样一个过程中，我们的挑战是什么呢？我们的组织能力很弱，有时候是心有余而力不足。社会组织团队经常不足 10 个人，各个村有一个项目，组织的精力和资源有限，所以在组织的生存和事业愿景之间，是有一个非常大张力的。

金锦萍：同时做几个村比集中做一个村的难点在哪里？

董强：这是整个的生态问题，我们的资源不稳定，没有办法全身心长期投入社区里面做事。

金锦萍：对社会组织的考核，本来应该是不要急于求成，让社会组织慢慢地和乡村一起成长，这是我们预期的。但是我们发现考核指标和资助标准，很多时候又恰恰和这些相悖。

杨团：包括捐赠人的要求。

金锦萍：那就要批评一下基金会作为捐赠人的苛刻要求了。

杨团：还有一个要解决的问题是，发展乡村本土的公益组织。我在烟台发现，有一个村有一个 40 岁的青年企业家，其企业和公益不沾边，但是他意识到自己可以干这个，回到村里建立了 4 个公益组织：第一个是老干部委员会，将原来的书记都组织起来；第二个是妇女的慈善义工协会；第三个是针对年轻人的志愿创业者团队；第四个是拥党先锋团，把所有要求入党的积极分子组织在一起。这 4 个组织全部是公益团队，但是没有得到来自公益组织的支持帮助，同时他还做了一件事，把当地慈善总会还有很多小的社会组织，都吸引到他们村里面办基地，如小红军基地，这个基地，那个基地。然后让他们进来，带人流。所以，他是很会利用本土资源的，把本土资源搞起来了。我觉得，未来他们在乡村发展，根本不需要钱，自己就解决了。

金锦萍：在乡村振兴中，很关键的是要解决本土问题，当地的农民是主体，要有本土资源、本土组织，解决本土问题最有生命力。外来主体并不是没有存在的意义，但要扮演催化剂、助推剂的角色，把先进的经验带过去，但是不要替代他们思考，替代他们去决策。现在请每位嘉宾对刚才的观点做一个简短的总结。

杨团：乡村振兴头顶天，下踩地。头顶天不用说，国家把我们天顶上了，现在下踩地做得不好。“地”就是村庄。要以村庄为本，只要把村集体和村民个体这两个主体结合起来，联合成为一个共同体，地就踩实了。而踩地这件事情，我觉得我们社会组织，尤其是公益组织，怎么激发当地活力，怎么支持当地农民建立自己的公益慈善组织，是我们未来最重要的方向，因为他们才是拥有大量未被满足需求的人群。我们和他们结合，我们才能踩在大地上，才有力量。

魏玉栋：公益组织做的事情，要么是政府顾及不来，要么是因为没有效益而企业不去顾及的，要么是农民没有能力顾及的。

因此，没有公益组织的社会，就不能算是一个完美的社会，甚至不是一个完整的社会。所以，对乡村振兴来说，公益组织将会发挥更大更好的作用。同时，随着乡村振兴向前推进，我们的公益组织也会得到更大更好的发展。对此我是很乐观的。

郑开耀：作为企业，我认为一方面，一定要有顶层设计，乡村振兴要做顶层设计，一张蓝图绘到底，保证方向性和持续性。另一方面，最终落脚点不在于我们花了多少钱，得到了什么名声。最重要的是老百姓对我们的评价。比如说，老百姓认为有了我们的帮助之后，经济好了，收入提高了，幸福感增强了，这就是对我们工作的认可。

董强：我认为乡村振兴是公益组织当下及未来较长时期内，迎来的最大发展机遇。从目前来看，可能社会组织有各种各样的困难，但是乡村振兴是党和国家包括全社会关注的重要目标，党和国家，包括企业都会提供大量的资源并注入乡村。这是全社会关注的伟大事业，在这样的背景下，动员相关专业人士参与是没有难度的。我觉得社会组织最重要的是转变观念，真正把乡村振兴这件事情看得重一点，从乡村振兴出发，找到乡村振兴的短板，恰恰是我们发挥长处的地方，我们去精耕细作，未来的发展空间是巨大的。

金锦萍：我发现乡村振兴，并不是振兴乡村，在这个用词里面，实际上，乡村本身就是主体。在刚才的环节里面，我们探讨了社会力量与乡村振兴，如果把社会看成是大社会的话，一切有助于乡村振兴的，都在我们这个话题之内。其实有一个话题没有展开，当我们在强调政府责任的时候，比如说政府在推行基本公共服务一体化的时候，在基础设施方面，要缩小乡村与城市的差距，这点是非常重要的。只有这一基础工作到位了，其他的市场的力量、我们社会组织的力量，还有高校的，才能够非常通畅地进去。但是，这并不等于基础不具备的时候，我们就不做了、不管了，为什么呢？因为，社会创新的魅力，往往很多情况下就在这里，当一切条件还并不具备的时候，我们这些价值敏感度高的、社会创新能力高的人就已经开始行动了。这个时候就会发生“化学反应”，乡村在这样的变化里面，便会慢慢具备条件，从而吸引更多的力量，更多的组织，更多的资源进入，那么到那个时候，也就是我们退出的时候。

第三篇

乡村振兴的国际经验与国际合作

乡村振兴不仅是中国实现 2030 远景目标的重要战略，也是重要的全球议题。自 20 世纪 60 年代国际援助和国际发展兴起以来，全球范围内大量公益慈善组织投身乡村发展，积累了丰富的乡村发展经验。

2021 年是中国宣布脱贫攻坚取得全面胜利之年，也是中国加入世界贸易组织 20 周年。探索中国特色乡村振兴道路，既需要对国际乡村发展经验进行总结学习，也需要打开国际视野，探索慈善助力乡村振兴的新机会、新热点。

在迈向全面乡村振兴开局之年，在第九届中国慈展会上，一场聚焦于“乡村发展的国际经验”研讨会，邀请了中国公益慈善国际合作先行者、国际公益慈善组织代表、基层政府代表，分享社会组织在乡村发展的国际合作经验、贡献中国力量与中国智慧，探索在构建全球发展人类命运共同体视域下的高质量乡村振兴路径，引导乡村振兴与公益慈善融合。

借鉴国际：化解乡村振兴“一老一小”问题

中国发展研究基金会原副理事长　卢迈

精彩观点

1. 在农村人口结构变化，青壮年劳动力外出打工，老人和儿童留守的形势下，如何做好“一老一小”工作，是关系乡村能否振兴的重大问题。
2. 儿童是关系我国人力资本积累和未来经济社会发展的基础。今天的儿童将是我国社会主义现代化建设的主力军。
3. 0~6 岁是儿童大脑发育和能力形成的敏感期，这个时候需要给儿童提供温暖、充满关爱的环境，给予儿童语言、认知等方面的刺激，促进大脑发育，为其今后的学习、情感发展、融入社会以及应对挑战奠定坚实的基础。

全面建设社会主义现代化国家，最艰巨繁重的任务在农村，最广泛深厚的基础也在农村。在农村人口结构变化，青壮年劳动力外出打工，老人和儿童留守的形势下，如何做好“一老一小”工作，是关系乡村能否振兴的重大问题。

第一个是老龄化进程加速问题。第七次人口普查数据显示，全国60周岁及以上老人26402万人，占总人口的18.7%；65周岁以上老人19064万人，占总人口的13.5%。《2020年度国家老龄事业发展公报》显示，老龄化水平城乡差异明显，乡村60周岁以上老人占人口比达到23.81%，而城市为15.82%。中国发展研究基金会2020年发布了《中国发展报告2020：中国人口老龄化的发展趋势和政策》，报告中提出了积极应对老龄化的六项措施。一是开发老年人力资本；二是重视老年人的社会参与；三是建立健全养老服务体系；四是加强年龄友好型健康支持体系建设；五是完善应对人口老龄化的经济保障体系；六是构建与老龄社会相适应的社会治理体系。我认为，强调老年人的社会参与和劳动参与尤其重要，这对他们的身体健康和经济自立都有益处。在这方面，基金会曾于2009年赴日本考察防震经验和乡村建设。日本的村落在助老设施建设、老年人的社会和劳动参与方面有很好的经验，可供我国农村发展养老事业借鉴。

第二个是农村儿童的早期发展问题。儿童是关系我国人力资本积累和未来经济社会发展的基础。今天的儿童将是明天我国社会主义现代化建设的主力军。目前，我国有20%~30%的0~6岁儿童生活在农村，脱贫地区（原国家贫困地区）的0~6岁儿童约有1600万人。生活在脱贫地区的农村儿童在成长过程中往往面临着一系列不利的家庭和社会环境：留守、单亲、父母教育水平低、看护人（祖父母）忙于生计而无暇顾及，有时还面临与患有精神疾病的看护人一起生活的情况。过去几十年国际和国内的研究均表明，0~6 岁是儿童大脑发育和能力形成的敏感期，这个时候需要给儿童提供温暖、充满关爱的环境，给予儿童语言、认知等方面的刺激，促进大脑发育，为其今后的学习、情感发展、融入社会以及应对挑战奠定坚实的基础。

基金会在过去的十几年中，一直强调要为在村的儿童提供有质量的早期发展公共服务。自 2009 年起，基金会开展了“一村一园：山村幼儿园”试点。这个项目将村里的闲置场所和现有的资源适当改造，解决场地、教室问题，为在村的 3~6 岁儿童提供学前教育。项目在本县招聘大专或中职幼师专业毕业的学生，解决师资的供给问题。以教育部《3~6 岁儿童学习和发展指南》为指导，鼓励试点地区结合乡村实际情况开发本土教材，解决课程问题。师资培训以地方为主，组织深度、多样、定期的交流和培训，成立地方教研团队，保证教学的质量。目前，“一村一园”已经在全国 11 个省 31 个县开办了 2200 多所山村幼儿园，招聘 3200 多名幼教老师，累计超过 20 万幼儿从中受益，多地将此模式纳入地方学前教育发展政策，安排财政资金予以支持。

2015 年起，基金会在甘肃华池试点为山村儿童提供入户早教的“慧育中国”项目。这个项目通过入户家访的方式，每周为农村 6~36 个月的幼儿提供一次 60 分钟的入户养育指导；在当地招聘县级、乡镇一级督导员和村级育婴辅导员（家访员），形成三级执行和管理机制；每周召集项目人员进行集体备课，建立试点县相互学习机制；我们在国际家访课程的框架和基础上进行本土化改编，整合了大量国内早期养育优质课程和资源，开发出新的教材和资源包。目前已覆盖全国 10 个省 12 个县（市），受益儿童近 2 万人，探索出一套适合偏远农村地区的“入户家访”模式，为推动国家制定相关政策提供了科学依据。

2021 年，基金会在毕节实验区开展了“农村儿童综合发展示范区”项目，在村一级建立儿童发展中心，提供早期养育、学前教育、儿童保护等公共服务，为农村儿童全生命周期发展提供保障。这一类儿童发展中心，在农村儿童数量减少的情况下，还可以被改造成助老设施，服务在村老人。

最后，乡村振兴一定要充分发挥妇女的作用。国际上现在非常重视妇女地位，中国在这方面有很多值得宣扬的故事。我们在农村开展的一系列试点项目的执行人员，包括幼教志愿者、育婴辅导员、乡镇督导员等几乎都是女性。我们在与陕西、重庆合作试点的时候，妇联也积极地参与，负责项目的具体执行和监督工作，并做了很好的项目宣传，充分发挥了妇女的重要作用。

造船出海：爱德的国际合作实践

爱德基金会理事长、中国慈善联合会副会长　丘仲辉

精彩观点

1. 根据中国具体国情，借鉴国外参与式发展理念，提出三个“中国式参与”，其中农民参与是基础，还有地方参与及专家参与，互相尊重、独立自主，协同解决乡村发展问题。
2. 中国社会组织要走出去，要坚持五条原则：一是遵守并用足国家政策；二是和平共处五项原则也是社会组织走出去的基本遵循；三是理解、熟悉并实践国际合作的规则和语言；四是有需要、有必要、有能力；五是发挥机构的特长和优势。通过自建网络、借船出海，甚至是拼船出海的途径，协同合作，走出去。
3. 在风险规避上，要注意三点：一是注意政治、文化和社会的差异和变化；二是防范地区动荡的合作和人生风险；三是地区间合作伙伴能力的差异。
4. 我们要放下姿态，平等接纳他国他人的不同或者“落后”，不同国家对项目的期待可能是不一样的，比如非洲合作伙伴更注重物质支持。

我主要分三个部分来讲：一是爱德基金会立足于国内引进来的国际合作；二是爱德走出去的国际探索；三是对社会组织走出去的思考。

首先，关于立足于国内的国际合作方面，爱德 1985 年成立，成立之初即接受海外资金，在国内开展合作项目，包括教育、扶贫、医疗、社会福利等领域。从农村参与式评估到社区康复、聋双语教育等理念，爱德从 20 世纪的国际合作中学习并应用到中国的实践，缩小了与国际实践的差距。这种合作是基于互相尊重、无任何附加条件的共同原则之上的。

其次，爱德走出去的国际探索。从国际化发展阶段来讲，大概分为三个阶段：1985—2005 年是第一阶段，我们以引进来为主，参与国际组织事务；2006—2014 年是第二阶段，我们继续引进来，主要是引进海外资金，也扩大国内资源，同时开始探索走出去；2015 年至今是第三阶段，爱德作为机构发展战略的核心将走出去。在以引进来为主的国际合作阶段，我们主要是接受海外资金，在西部开展教育、扶贫、医疗等各领域的项目，围绕农村扶贫与发展。在国际合作中我们收获很多，从方法、理念、管理经验上，我们都获益匪浅，吸收了很多国外的先进理念。

我们加入的主要国际网络有国际救灾与发展联盟（ACT Alliance）、国际志愿组织理事会（International Council of Voluntary Agencies）、环球计划（SHPERE）中国联络机构、联合国“每个妇女、每个儿童”行动（EWEC）中国网络成员。

谈一下爱德关于农村发展项目的理念。我们曾经在贫困地区开展了一个项目——建设灌溉站。几年后灌溉站的设备坏了，当地农民就把设备零件拆下来，找到我们说我们项目的设备坏了，请我们更换。这引起我们的反思，为什么农民不把这样的项目当作是自己的项目？后来我们开展了一些国际研讨，引进参与式方法。我们和中国农业大学李小云教授一起组织了大规模的农村参与式发展项目培训。根据中国具体国情，借鉴国外参与式发展理念，提出三个“中国式参与”，其中农民参与是基础，还有地方参与及专家参与，互相尊重、独立自主，协同解决乡村发展问题。

再次，我分享一下爱德走出去的国际探索。爱德于 2015 年设置了非洲办公室，2016 年设置了日内瓦办公室，2019 年设置了肯尼亚办公室，主要开展社会发展与服务项目等，包括救灾、抗疫、疾病救助、教育、粮援、饮水、沼气服务等。特别提一下我们 2017 年在埃塞俄比亚开展的活水行项目，当地环境十分恶劣，但我们还是做到了，我们的项目在当地非常受欢迎，因为当地严重缺水。

最后，我想谈一下关于社会组织走出去的思考。我认为这个非常重要，特别是我们做乡村振兴，中国社会组织要走出去，与发展中国家开展合作项目。我的思考是，要坚持五条原则：一是遵守并用足国家政策；二是和平共处五项原则也是社会组织走出去的基本遵循；三是理解、熟悉并实践国际合作的规则和语言；四是有需要、有必要、有能力；五是发挥机构的特长和优势。通过自建网络、借船出海，甚至是拼船出海的途径，协同合作，走出去。

在风险规避上，要注意三点：一是注意政治、文化和社会的差异和变化；二是防范地区动荡的合作和人生风险；三是地区间合作伙伴能力的差异。

我的一点经验和体会是，我们要放下姿态，平等接纳他国他人的不同或者“落后”，不同国家对项目的期待可能是不一样的，比如非洲合作伙伴更注重物质支持。爱德一直坚持“独行快，众行远”的原则，我们非常愿意和大家一起合作，共同为构建人类命运共同体而努力，建设一个更加平衡的世界，实现世界和平！

文化铸魂：现代艺术让乡村重返生机

日本福武基金会理事长　知名慈善家　福武总一郎

精彩观点

1. 对于乡村振兴，我有五项倡导：一是选择适合当地的农作物，推进品种改良，提高品质；二是发展一次生产、二次加工、三次销售（活用电商网络平台）的农业产业化；三是推行与当地农业部门共同推进、相互扶植的“集体农业模式”；四是建设农村振兴学院，开展提高农民水平的技术培训；五是重视保护既有的农村社区，部分来自城市的大型商业模式的产业振兴，在提高产量的同时，却破坏了当地社区，我认为应该重视保护既有的农村社区。
2. 当今社会不再是一个只要物质丰富、服务便捷就让人满足的社会。我们正面临着环境问题和不平等造成贫困等重大社会问题。
3. 大自然是人类最好的老师。人类能从大自然中汲取很多，比起置身于城市，应该有更多的人参与到学习大自然的行列中。

4. 利用既有的去创造新的。当下的社会趋势是为了创造出新事物一味地破坏既有的事物。如果活在当下的我们创造的东西，下一代说要把它完全毁掉去创造新事物，我觉得这是一个非常危险的想法。
5. 经济服务于文化。经济活动只是达成目的的手段，其自身并不是目的，目的是让人们过上幸福的生活，为此，文化应该是基础。

我主要分两个部分和大家进行分享，第一部分向大家介绍为解决农村人口萧条与贫困问题，我在日本直岛和中国桃花岛用艺术让乡村重生的故事。第二部分介绍在解决社会问题方面企业承担的使命和工作。在濑户内海上的直岛、犬岛、丰岛三座岛屿上，我们用现代艺术开展了地方创生活动，我们将它们称为“倍乐生艺术场直岛”活动，是由我们福武基金会和倍乐生控股公司、福武家族于 1987 年一起开展的。三个岛屿，曾经都在发展现代化的进程中遭受了不同程度的伤害。直岛上 1917 年建立的一家炼铜厂，排放出了大量亚硫酸废气，致使岛上的植被枯萎。犬岛上的一家炼铜厂在铜价市场暴跌之后倒闭，无人问津，被搁置了整整 90 年。而丰岛从 1975 开始 15 年间，遭受了大规模工业废弃物违规倾倒带来的危害。

亲眼目睹这些曾在 1934 年被指定为日本最早的国立公园地区的岛屿变得满目疮痍的景象，我感到义愤填膺，决心用“现代艺术”作为武器，来抵制当下过度城市化和现代化的行为。我委托的建筑师，前提是不能来自城市化、现代化高度集中的东京。所以我选择了出身大阪的建筑师安藤忠雄。

介绍一下直岛倍乐生艺术场的作品。其中，安藤设计的最早的建筑是“倍乐生之家美术馆”，它是一个集美术馆和酒店于一体的建筑。草间弥生的作品“南瓜”，于1994年设置在直岛海边。最具代表性的地中美术馆为了不破坏周围景观，刻意建在地下。2000年，我购买了一件巨幅之作——莫奈的睡莲，于是建成了一座中间是莫奈的“睡莲”，两侧是詹姆斯·特瑞尔和瓦尔特·德玛利亚的代表作的永久展览型美术馆。

犬岛精炼所美术馆，是把被搁置了将近90年的废弃工厂由建筑师三分一博志设计改建成美术馆。这座建筑完全不使用电力，馆内温度由自然气流（风）、太阳能以及地热调节，馆内艺术作品出自艺术家柳幸典之手。

丰岛美术馆的建筑设计师是西泽立卫、艺术设计师为内藤礼。美术馆与周围的梯田相协调，融于一体，这是城市美术馆无法实现的。

我们在这些岛上开展的艺术活动，与大都市开展的艺术展览不同，我们将“自然”“环境”“艺术”“建筑”和“社区的人们”融合，让遭受近现代化之害而变得日渐萧条和没落的农村重返生机，让当地的人民恢复自信，创造大都市中没有的、真正美好幸福的农村社区。

下面介绍下我从2017年开始参与的用艺术活化中国山东农村的故事，不仅是中国，世界各地都存在城市与农村差距持续拉大的问题，这已成为一个巨大的社会问题。2017年，我在深圳国际公益学院（CGPI）北京校区内设立了福武艺术慈善中心，希望通过传播直岛模式，用艺术文化之力给中国的农村、农民带来希望和梦想，从而为振兴农村做出贡献。

同时，倍乐生与中国福利会合作的以“巧虎”为品牌的幼儿教育事业，在中国受到广大孩子和家长的欢迎。设立福武艺术慈善中心也是为了感谢和回报各位热情的中国用户。

在深圳国际公益学院（CGPI）的介绍下，应山东省桃花岛项目发起人慈善家董方军先生之邀，我作为项目顾问，携手法国著名建筑家保罗·安德鲁先生，共同在中国为直岛模式树立典范。

对于乡村振兴，我有五项倡导：一是选择适合当地的农作物，推进品种改良，提高品质；二是发展一次生产、二次加工、三次销售（活用电商网络平台）的农业产业化；三是推行与当地农业共同推进、相互扶植的“集体农业模式”；四是建设农村振兴学院，开展提高农民水平的技术培训；五是重视保护既有的农村社区，部分来自城市的大型商业模式的产业振兴，在提高产量的同时，却破坏了当地社区，我认为应该重视保护既有的农村社区。

项目所在地是山东省淄博市沂源县鲁村镇。在农业方面，我们积极鼓励当地农民为农作物品种优化改良，实行集生产、加工、销售（网络）于一体的三产方式，从而减少中间环节，保证利润可以最大化地回馈给当地农民。农作物有食用菌生产基地，还种植桃子、苹果、丹参。导入集体农业方式后，促进了农民增收。有些村子的农民平均年收入从不足 5000 元增加到 20000 元，翻了 3 倍；村集体年收入也从不足 2 万元大幅增长到 30 万元，项目得到了地方政府的大力支持。

在艺术方面，第一个作品于 2019 年 4 月完成，村落中的古宅被改造成艺廊，参与直岛第一个家艺术项目的艺术家宫岛达男，也为桃花岛量身定制了作品。第二位参与者是世界著名的艺术家盐田千春女士，她的作品将在2021年年底完成。中国艺术家潘逸舟先生也正在为桃花岛构思家艺术项目3号艺术方案，该作品在2022年春天与世人见面。由保罗·安德鲁设计的美术馆和酒店一体的标志性建筑——望天台和沉思小道计划将于2023年春完成。

下面介绍企业为社会做贡献的新模式“公益资本论”。当今社会不再是一个只要物质丰富、服务便捷就让人满足的社会。我们正面临着环境问题和不平等造成的贫困等重大社会问题。换句话说，企业不能停留在一味靠政府来解决现代社会的各种问题的阶段，而自身也应该担负起社会责任。解决社会问题的方法不能只靠一次性的捐赠，为了保证企业社会活动的可持续性，我推行一种新的方法，即“公益资本论”。

在这一模式中，由福武基金会、倍乐生公司、创业家族三方来确保可持续运营模式。福武基金会负责运作管理；倍乐生公司提供股票分红，同时对公司股票的市值负责；福武家族从自持股权中捐赠出一部分给福武基金会，使基金会成为倍乐生公司的大股东。福武财团现在拥有倍乐生公司8%的股票，每年的运营费大部分来自倍乐生的股票分红。通常的捐赠活动无法保证稳定性和可持续性，“公益资本论”为企业或富有人群实施稳定、可持续性的公益活动提供资金保证。

最后，总结一下我在从事艺术活化乡村30多年活动中获得的三点重要启示。其一，大自然是人类最好的老师。人类能从大自然中汲取很多，比起置身于城市，应该有更多的人参与到学习大自然的行列中。

其二，利用既有的去创造新的。当下的社会趋势是为了创造出新事物一味地破坏既有的事物。如果活在当下的我们创造的东西，下一代说要把它完全毁掉去创造新事物，我觉得这是一个非常危险的想法。“利用既有的去创造新的”，这种可持续性理念极为重要。

其三，经济服务于文化。经济活动只是达成目的的手段，其自身并不是目的，目的是让人们过上幸福的生活，为此，文化应该是基础。中国有很多世界文化遗产，其中大多是在清朝以前创造的，在经济发达的现代社会里，我们能给子孙后代留下什么呢？不仅是国家和政府要重视文化，创造财富的企业更应关注文化。我认为，仅凭经济效率和经济合理性去衡量企业活动的好坏，是无法留住文化的。

命运与共：倡导农村发展的国际合作

法国尼斯欧洲研究所高级研究员
乔治·佐戈普鲁斯（Georgios Tzogopoulos）

精彩观点

1. 我们的首要任务是确保全球民众在未来不会忍饥挨饿。粮食安全问题正在悄无声息地变得愈加重要而棘手，仅靠一国之力是难以解决的，需要全球通力合作。
2. 建立复原力。复原力可以确保农业在应对气候变化时不至于那么脆弱。
3. 将农村发展、气候变化和环境保护联系起来。
4. 确保农民和城市人口差距在未来不会进一步加大，这与所有国家的共同利益息息相关。

我想呼吁大家关注农村发展中的国际合作。2021 年对中国来说，是一个既轰动又关键的一年，意味着中国在经历多年艰苦而系统性的努力后，终于摆脱了绝对贫困。尽管中国面临着疫情带来的极端困境，2021 年 2 月，中国国家主席习近平宣布了这一举世瞩目的成就。中国政府的使命和愿景就是确保所有国民，包括农民能摆脱贫困，收入在贫困线之上，中国最后成功实现了这一目标，这引起了联合国在内的众多国际组织的关注。但是，农村发展问题远非仅靠中国一己之力就能解决的，需要国际社会协同合作。农村发展，需要引起关注，需要世界各国和组织的齐心协力。

实现国际合作，四个目标十分关键。第一，提高生产力。疫情暴发前，提高生产力对农村发展极其重要，疫情的暴发更是强化了这一问题的重要性。我们的首要任务是确保全球民众在未来不会忍饥挨饿。粮食安全问题正在悄无声息地变得愈加重要而棘手，仅靠一国之力是难以解决的，需要全球通力合作。

第二，建立复原力。复原力可以确保农业在应对气候变化时不至于那么脆弱。2021 年夏天，多个国家都经受了天气剧变的影响，包括德国、中国、美国、土耳其和希腊。这些新现象是全球气候变化的结果，对农业生产将会带来新的影响。国际社会需要认真对待地球发出的种种信号。

第三，将农村发展、气候变化和环境保护联系起来。多项研究已经表明，农业确实会对气候变化产生影响。确保农业能在未来减少排放也很关键，各国都可以就此贡献其力量，共同制订应对计划。

第四，确保农民和城市人口差距在未来不会进一步加大，这与所有国家的共同利益息息相关。疫情暴发前，农村城市人口失衡这一问题就已存在，但未来这一问题可能会加剧。联合国认为国际合作是解决这一问题的唯一出路，国际合作也是实现联合国可持续发展目标的唯一途径。

现在上述四个目标均已引起关注，但要实现它们，关键在于使用智慧农业和新技术为农民创造发展机会，让他们在困难时期仍能满足市场的需求，并能妥善借助环境变化的最新信息做指引。我们看到，疫情暴发时，为中国每位农民都提供了这样的机会，使用 5G 控制技术帮助农民销售产品至全国各地，这是实现农业发展的第一步，未来我们需要在这方面继续努力。

最后，我想谈一谈欧盟和中国在农业上的合作。尽管中欧关系间仍然存在部分问题和分歧，但是双方（北京和布鲁塞尔）解决问题的思路是一致的，都认同农业发展是一个国际问题。双方都大力投资农业创新，鼓励、支持农民跨区域互相合作。

总之，我强烈呼吁各国通力协作，进一步助力农业发展。

跨界创新：共筑全球可持续发展命运共同体

新加坡佳通集团副主席、有一德（United in Diversity）
基金会副主席、清华大学东南亚中心主席　林美金

精彩观点

1. 要创建可持续发展的共同未来，我们需要更加团结、协作，而这其中最重要的是找到解决方法。以开放的思维、开放的心灵和开放的心态，汲取新知、促进融合，从而产生真正实质性的改变，这也是公益人的共同信念。
2. 教育是提升思维模式的关键。我们既需要变革教育、金融体系、科技，以解决现实问题，也需要更多更大规模的沟通和创新，使人们拥有积极的心态，寻求系统性实践解决方案，让商业变得更加美好，实现可持续发展，并继承和发扬这些理念。
3. 解决可持续发展问题，需要长期的多边合作。公益可以推动系统改变，包括教育、金融和科技等。

我主要和大家分享一下我们关于跨界合作与创新、推动联合国可持续发展目标的一些思考和实践。在此次疫情中，我们都深刻地感受到人类命运共同体的重要意义。要创建可持续发展的共同未来，我们需要更加团结、协作，而这其中最重要的是找到解决方法。以开放的思维、开放的心灵和开放的心态，汲取新知、促进融合，从而产生真正实质性的改变，这也是公益人的共同信念。

教育是提升思维模式的关键。我们既需要变革教育、金融体系、科技，以解决现实问题，也需要更多更大规模的沟通和创新，使人们拥有积极的心态，寻求系统性实践解决方案，让商业变得更加美好，实现可持续发展，并继承和发扬这些理念。只有实现了人与人、人与自然、人与精神的和谐，才能拥有幸福。这与中国传统文化推崇的“天地人和”不谋而合。我们每个人都能从古老智慧中有所感悟、有所学习。

这次研讨会的主题是乡村振兴，我先祝贺中国消除了绝对贫困和区域性整体贫困，提前 10 年实现了联合国 2030 可持续发展议程减贫目标，这是十分了不起的成就，我们也希望能够学习中国的减贫经验。我们也在积极探索，特别是探索扶持中小企业发展。过去 20 年里，有一德基金会致力于在东南亚和中国促进跨界交流与合作。在中国，我们与清华大学建立合作关系已逾 25 年，与不同院系开展合作，包括支持京津冀协同发展战略等，也合作创立了清华大学东南亚中心。未来，麻省理工学院 IDEAS 亚太中心、U 学院、联合国可持续发展行动网络等，也都将为“一带一路”倡议、实现联合国可持续发展目标做出贡献。

科技是促进社会发展的重要推动力。2021 年 4 月，清华大学东南亚中心和清华大学深圳国际研究生院合作推出了“幸福数字 X”教学项目。通过与麻省理工学院和全球一流师资合作，学员们在学习中提升了系统思维模式、探索了数字解决方案，推动实现幸福生活和可持续发展目标。项目结业典礼上，一位学员代表身披一条美丽的披肩，这条披肩来自“幸福数字 X”的一个原型项目，是世界上第一条利用配备了卫星追踪系统的塑料废弃物而循环利用的原材料，以及数码织机制作而成的披肩。这样的追踪系统可以对不同区域的数据库和公共食品市场系统进行废物管理和建立预测模型，从而可以使数百万人从中受益。科技可以将全球与本土，艺术与科学，精神与经济结合起来，如此我们就能将科技真正与可持续发展对接。

当下，新兴国家和发展中国家发挥作用、实施创新解决方案正当其时。解决可持续发展问题，需要长期的多边合作。公益可以推动系统改变，包括教育、金融和科技等。我们需要更好的社会、更好的商业、更美好的世界，我们可以一起努力！

圆桌对话：乡村振兴“走出国门”，未来我们应该怎么做？

圆桌主持人：

深圳国际公益学院副院长　黄浩明

圆桌嘉宾：

南都公益基金会名誉理事长　徐永光

北京中和乡村发展促进中心理事长、中国扶贫基金会理事　王行最

中国国际民间组织合作促进会副理事长兼秘书长　王香奕

世界动物保护协会（英国）北京代表处首席代表　赵中华

精彩观点

1. 乡村振兴和生物多样性保护关系是非常密切的。什么是生物多样性？生物多样性包括所有生物（植物、动物、微生物等）与环境形成的生态复合体。我们吃的所有东西都与生物多样性有关，包括我们使用的许多药品也有赖于生物多样性。几乎所有乡村振兴的项目都和生物多样性有关联。所以处理好生物多样性和乡村振兴的关系是至关重要的。

2. 公益组织探索国际化之路，这条路很长，也很难，但是很有意义。
3. 希望在未来的乡村发展过程中，能够充分考虑气候变化带来的影响和措施，公益组织可以发挥自身的资源和工作优势，促进不同国家的经验分享，助力乡村振兴。

黄浩明：首先想问徐永光先生，您在希望工程做了很多年，我前两天看资料，里面讲到2014年5月9日，李克强总理到安哥拉访问，特别赞赏在非洲的希望工程、希望小学，您能不能给我们讲讲这个故事？

徐永光：李克强总理去非洲访问时去过一所“百年职校”，这是中国青基会与北京百年职校合作的。北京百年职校，主要是给在北京的农民工子弟做职业教育，南都基金会给这家机构捐了770万元。李克强总理当时说“好啊，希望工程来到了非洲”。本来应该做得更多。2011年，中国青基会推出的中非希望工程，是由一批企业家和中国青基会共同发起的。一个企业家群体承诺，10年内捐15亿元在非洲建1000所希望小学。这是好事，在非洲做投资和开发的企业，可以通过中非希望工程回馈当地社会。我之前看过《凤凰周刊》记者李光在非洲采访时拍摄的一部片子，中国的企业在山上开矿，山下原本是清水，后来都成了非常浑浊的水，但是当地的村民吃的还是这种水。那部片子令人震撼，也令国人羞愧。

本来是中国企业回馈当地社会的好事，结果被国内媒体群起而攻之，说我们自己的孩子进城读书还有问题，为什么要跑去非洲搞。还挑刺说这个合作机构有什么问题，捐款有什么问题。把积极捐款和参与管理的卢星宇打成了“卢美美”。中非希望工程躺着中枪。所以我觉得这件事很不应该。媒体应该专业一点，不要误导群众，也不要误伤“忠良”。

黄浩明：感谢徐永光先生讲的这些故事，在乡村振兴的国际经验当中，中非希望工程走进非洲，是一件了不起的事情。

徐永光：我补充一下，后来是青基会硬撑着在非洲建了大约20所希望小学，也就如此了。

黄浩明：媒体对中国社会组织走出去，还有很多不同看法，我们扶贫基金会也是做了很多走出去的尝试，让中国公益走向世界，中国扶贫基金会是不是也遇到了很多困难？

王行最：扶贫基金会是中国公益组织中走出去比较早的，也是比较系统的公益慈善组织。我们从2005年开始就走出去了，历经了16年时间。我们总共募集到的资金超过3亿元，已经投入3亿元左右，帮助了大概24个国家，差不多150万弱势群体。在国外我们主要围绕联合国可持续发展目标进行，因为能力有限，17个SDGs里面我们目前只选了6个，即第一、第二、第三、第四、第六、第八。第一是消除贫困，第二是零饥饿，第三是健康福祉，第四是优质教育，第六是清洁饮水，第八是体面工作，围绕这6个方面开展了14个项目。

黄浩明：农村这块占主体吧？

王行最：都在农村，全部是农村的项目。第一个项目在零饥饿方面，自2015年开始我们和无锡的灵山公益基金会一道，在埃塞俄比亚，针对从偏远山村来到首都亚的斯亚贝巴，找不到工作、没有任何就业希望，也上不了学的学生，开展了微笑儿童学校供餐项目。

黄浩明：听说当时埃塞俄比亚第一夫人还给我们国家主席习近平的夫人彭丽媛写了一封感谢信，表扬中国扶贫基金会。

王行最：是的。这个项目非常契合当地需要，整个项目模式的设计是比较闭环的，经过3年的实施，对当地学校、学生的帮助非常大。一方面学生的营养状况，得到了很大改善；另一方面，学生的自信心恢复也非常好。有许多原来在大街上流浪的孩子，进入了学校上学。我们在首都亚的斯亚贝巴总共资助了41所学校，大概有3万名学生，引起了埃塞俄比亚政府的高度关注。

黄浩明：外界当时是怎么评论的？因为刚才徐永光提到媒体对中国社会组织在国外做公益项目还是有很多批评。

王行最：从两个方面来说，一方面从当地受益方来说，从当地学校、学生到家长，再到当地政府都是非常肯定和欢迎的，刚才提到的埃塞俄比亚总理夫人专门给彭妈妈写了信，肯定了我们的项目，希望中埃民间公益合作项目能继续深化扩大。另一方面，在国内的媒体上也有一些负面报道。总体来说，跟10年前比，已经有了非常大的积极变化，但确实仍然还有一部分人对我们在国外开展扶贫项目不太理解。我2015年第一次启动埃塞微笑儿童项目时的供餐照片经常被人拿出来利用，有些标题党篡改原文，加上自己想要表达的内容来吸引眼球，质问我们，中国还有很多贫困人口，你们为什么还要去非洲。

黄浩明：中国民促会在2016年青岛的C20，有一个主题的分享，就是讨论中国的乡村发展和气候变化，尤其是气候适应，民促会在山东、内蒙古做了气候适应的项目，项目现在进展怎么样？

王香奕：民促会从2007年开始关注气候变化议题，探索乡村发展和气候变化的结合，在上一个环节，法国的乔治·佐戈普鲁斯先生也提到，如何把乡村发展、气候变化、环境保护结合起来。2017年，民促会启动“中国农村气候变化适应项目”，我们在山东和内蒙古选了两个点，山东选的是一个山区的农村，蒙阴县东平村，内蒙古选的是赤峰的一个牧区。在这两个试点地区，我们的项目目标是帮助当地农民发展生态产业。山东的特色产业是水蜜桃种植，我们引进了微润灌节水技术，帮助农民把山下的水引到山上实现果树灌溉丰收，开展生态农业，提高经济收入。我们给两个试点村的村民，开展了多期关于气候变化适应和应对措施的培训活动，内容包括种植养殖技术、环境卫生、垃圾处理、灾害预防及应对等知识，累计有1000多人次参加系列培训。除了软性培训，我们也为当地村民配备了硬件设施，比如为农户配备了灾害预防的小设备，还有环保垃圾桶等。

黄浩明：中国国际电视台曾专门采访中华两次，一次英文的，一次中文的，谈到C16在中国召开，您也是国际组织从业者，您对生物多样性和农村的发展，二者内在的逻辑关系怎么看？

赵中华：乡村振兴和生物多样性保护关系是非常密切的。什么是生物多样性？生物多样性包括所有生物（植物、动物、微生物等）与环境形成的生态复合体。我们吃的所有东西，都与生物多样性有关，包括我们使用的许多药品也有赖于生物多样性。几乎所有乡村振兴的项目都和生物多样性有关联。所以处理好生物多样性和乡村振兴的关系是至关重要的。举个例子，2020 年年初，党中央出台了非常英明的决策，就是禁食野味。那个时候社会上就有一些观点，质疑禁食野味的必要性，认为养殖野生动物是脱贫攻坚必不可少的。还举了养竹鼠、养大雁的例子。

农民养竹鼠、养大雁，城市人来旅游就把竹鼠、大雁杀了当野味给游客吃，这个模式不可持续，城市人到乡村就为了吃一口野味，既不文明对身体也不太好。养殖的野生动物还容易传播疾病。试想，如果有人问农村朋友们，您的职业是什么？回答是养竹鼠、杀竹鼠卖野味，职业的自豪感应该不高。但是，能够养竹鼠、养大雁的地方，生态环境是好的。那么换一种模式，养竹鼠、养大雁的村民，可以变身成观鸟的导游，生态导游。比如城市人来了，农村的朋友们带着他们去观鸟，去野外探索自然，既锻炼了身体，又陶冶情操，是高雅文明的旅游活动。而且生态导游这个职业，从业者说起来也更有职业自豪感。养殖和屠宰野生动物的从业者，完全可以实现华丽转身，从事生态导游等更可持续的工作，这样更有利于长期可持续脱贫。

黄浩明：这也给我们上了一课，生物多样性与我们的农村发展有相当密切的关系。刚才听了卢迈先生讲的农村的“一老一少”，希望工程可以走向世界，这“一老一少”的项目有没有可能也往外推一推？

徐永光：老年人在海外的项目，我没有研究。但是，我们关注了一个在非洲和儿童有关的项目。是用太阳能解决没有电力照明的项目。这个项目特别优秀，是深圳的一家叫诚信诺的社会企业开发的，创办人是李霞。她们给非洲和世界各地没有电照明的孩子提供太阳能灯。关于这个太阳能灯我讲几个数字，你们就了解这个项目有多么的了不起：现在全世界大概有 8 亿人口在没有电的地方生活。在没有电的地方，孩子们晚上读书只能用蜡烛，用油灯，每年计算碳排放 19 亿吨。因为点灯烛失火造成的火灾每年致死 530 万人。这个太阳能灯的项目，不仅实现了零排放、零死亡，光的亮度也是蜡烛的 3 倍。

黄浩明：比较安全。

徐永光：还有成本很低，买一个月蜡烛的钱，换太阳能灯可以用 12 个月。十二分之一的成本，亮度又高，没有碳排放，也零死亡，这么好的项目，已经普及了 66 个国家。

黄浩明：这值得赞赏，媒体有没有报道？

徐永光：这个社会企业很了不起，获得了慈展会的金牌社会企业称号，及中国社会企业和影响力投资论坛的社会企业奖，非常棒。现在期待有更大的投资进来，扩大覆盖规模，这真正是好的影响力投资项目，也是贯彻联合国 17 个可持续发展目标，实现国家“双碳”目标的一个非常优秀的项目。

黄浩明：这个项目非常棒，需要进一步推动。

黄浩明：我知道扶贫基金会刚开始走出去的时候，在海外也是无办公室、无项目、无人员、无资金，现在扶贫基金会走向海外应该说解决了这“四无”，基金量比较大，我听说从 2019 年开始年开支已经达到了 5000 万元左右是吧？请您给我们介绍一下？

王行最：“四无”是没钱、没人、没项目、没办公室。现在这四个都有了，第一个有的是办公室。

黄浩明：现在哪些地方有办公室？

王行最：我们累计开展公益项目的国家有24个，在3个国家注册了国别办公室，在当地属于INGO，即缅甸、尼泊尔、埃塞俄比亚国别办公室。除了这3个以外，还在7个国家开展长期项目。

黄浩明：你们开会怎么开？

王行最：现在都用视频，特别是疫情以后都在网上工作，连线开会。刚才说的第一个有了办公室，第二个是有人，国内大概15人，国际15人，加起来30人左右。第三个是有项目，刚才也提到我们围绕着6个联合国可持续发展目标，开展了14个项目，但比较大的，像我刚才说的微笑儿童学校供餐项目、国际爱心包裹项目，这两个项目都比较大，都是千万量级以上。第四个就是有资金来源了，从2018年开始我们国际化年度筹资规模连续超过3000万元、4000万元、5000万元。

黄浩明：自筹部分最早是多少？

王行最：最早的时候是2014年、2015年，那时候没有钱，筹不来钱。当时会长会议决定，从基金会事业发展基金里面拿出1000万元，专门做国际项目。最近这几年，资金渠道才慢慢打开，但主要还是来自于公众，主要与阿里巴巴、腾讯这样的平台合作，从公众那边筹款，今年好像已经超过5000万元了。但是由于疫情，支出会受到一定影响，2021年的支出大概在3000万元左右，所以大家还在努力抓项目实施。

黄浩明：项目效果怎么样？我知道爱心包裹影响很大。

王行最：爱心包裹项目是我们从2019年2月开始和阿里巴巴公益基金会联合启动的。我们制定了一个3年目标，3年内筹集资金不低于一个亿，发放爱心包裹国家不少于 10 个，受益人不少于 100 万，也就是说，发放不少于 100 万个爱心包裹。到目前为止，国际爱心包裹项目筹资已经达到 1.17 亿元，支出 9400 万元，发放了 85 万个爱心包裹，离 100 万个的目标还有一定距离，但是有一部分属于票据还没有收回来，还剩三四个月，应该说实现三大目标，筹资一个亿，覆盖 10 个国家和 100 万人，基本上没有太大的问题。项目不仅仅影响直接受益的学生，一个爱心包裹至少影响到 4~5 个人，包括学校、家长，项目总体影响面应该涉及 500 万人以上。

黄浩明：南都基金会、青基会、爱德基金会、扶贫基金会都已经走出去，他们有办公室、有人、有项目、有资金，中国民促会主要以参加联合国多边会议为主，每年都组织中国民间环保组织代表参加联合国气候变化大会，你们最近因为疫情，是不是都改成了网络参会？是否去了格拉斯哥？

王香奕：跟各位介绍一下民促会参加联合国及多双边会议的情况，民促会于 2007 年与 10 多家国际国内社会组织一起发起成立了中国民间气候变化行动网络（简称 CCAN），推动中国民间组织在气候领域的能力建设、国际交流与联合行动。过去 13 年，我们连续资助了 22 家社会组织的 104 人次参加联合国气候大会。今年确实像您说的，因为疫情关系，我们没有去格拉斯哥，而是采取了线上参与的方式，CCAN 去到现场的有两家，一家是大道应对气候变化促进中心，另外一家是永续全球环境研究所，他们在格拉斯哥气候大会现场也组织了活动，我们在项目下做的中国民间应对气候变化故事，也请他们带到会场进行交流。另外民促会除了参加联合国系统的会议，我们也支持社会组织参加多边国际平台的活动，比如C20。

黄浩明：听说您在金砖国家开会遇到了王行最是吗？

王香奕：对，2016年我跟王会长在印度见了面，我们共同参加了2016年金砖国家民间社会论坛，2022年中国是主席国。我们组织边会、双边民间组织交流会、联合国新闻发布会，我们有时还会向联合国气候变化框架公约秘书处递交我们的政策建议，黄理事长在巴黎气候大会期间，还帮我们提交过一次，交给了秘书处的一位负责人。

黄浩明：但重点是，怎么理解受气候变化影响的农村弱势人群的问题，这点令我印象特别深。

王香奕：是的，这是今年气候大会的关注点，也是气候变化适应的问题，特别是气候变化适应的资金问题，是这次会议的一个焦点。

黄浩明：中华不仅在世界动物保护协会工作，以前还在儿童救助会工作了很多年，根据您长期积累的经验，您觉得国际上在乡村发展方面，当然如果用乡村振兴可能他们比较难以理解，有哪些地方和经验，值得我们借鉴？

赵中华：我觉得有两点特别值得借鉴，一是调动当地人的参与积极性，当地人要参与其中；第二是利益的分配。经济发展和生态保护的成果要和当地人共享。刚才徐永光老师分享的节能灯案例特别好。我也分享一个案例。在洞庭湖边有很多沟渠、湿地，湿地里面有很多泥鳅、小鱼、小虾，树上有鸟。以前最大的挑战是，老百姓没有收入，经常就只能捞小鱼小虾去卖，小鱼小虾捞完之后，还经常打鸟卖鸟。因为当地确实经济困难，老百姓得有出路，硬堵很难长期堵得住。后来通过国际组织和国内的机构合作，做了一个项目，在其中一条沟渠边上，鼓励当地村民开展观鸟项目，鸟飞来栖息在房前屋后的树上，村民就在家门口卖茶水、小吃和餐食。当地村民有收入以后，积极性马上就调动起来了，沟渠里面的小鱼小虾都不捕了，不捞了，不仅不捞，有些老百姓还出钱从外面买来放到沟渠里，鱼虾一多鸟就多，鸟多了游客就多，村民的生意更好。结果那条路鸟越来越多，游客越来越多，村民积极性越来越高。而且鸟一多，病虫害就减少，树也长得更好。形成了一个令人欣喜的良性循环。我建议在座各位到洞庭湖旅游的时候可以去看看那个项目。所以，生物多样性它可以是一种机会，也可以是一种生产力，关键是把当地人的积极性调动起来，和当地人共享利益。

黄浩明：太棒了，这个案例应该写成故事，感谢。中国扶贫基金会在海外项目比较多，那么在海外合作的过程当中，遇到最大的挑战是什么？你们是怎么解决的？因为我知道缅甸注册办公室就很费劲。

王行最：碰到的问题其实也挺多的，当时在缅甸注册办公室，我们最开始去的时候，找到了吴登盛总统的战友吴哥哥莱，他也是总统的特别顾问。他带我们见了缅甸内政部、外交部、经济计划部、教育部（因为做教育项目）负责人。以为有这么好的基础，前面就是阳光大道，结果一到具体办事情的时候，问题多如牛毛。第一轮挑战我们碰到了缅甸机构改革，内政部的职能发生调整，调整过程当中，人家就不对外办公了，等机构改革完了以后，国际NGO注册登记管理办法要修改，就像咱们的民政部修改管理条例一样，我们没有别的办法只能干等。前前后后等了差不多有一年，等到正式可以注册的时候，缅方通知我们说，注册登记不归教育部门管了，而是归到缅甸教育厅了，我们与教育厅不熟，又得重新再来一遍。我们国际部主任伍鹏负责这件事，前前后后去了三四次，他写日记记录这段历程，我看了都掉眼泪。这是第一个挑战。第二个是我们跟商务部合作，开展国际志愿者项目，一共选了10名国际志愿者，派往缅甸和尼泊尔。

黄浩明：10个项目招了9位女士、1位男士。

王行最：我们做项目基本上都是与“物”打交道，而物是“死”的，比如爱心包裹，我们把物资运过去就可以了。而国际志愿者项目是跟人打交道的，人的思想是活的，所有东西都是不确定的。实际上，我们派遣国际志愿者的相关政策和法律都不完善。有两个主要问题，一个是签证问题，但是由于当时没有外交部门介入，领事也没有专门为这个项目做出安排，大多数志愿者去了都是只能待一个月，一个月后只能回国或飞到邻国去续签签证，这样成本就很高。另一个是心理问题，志愿者出去7天是可以的，一个月可能也受得了，但是到那个地方待6个月、9个月，甚至一年，尤其是在偏远地区语言不通、文化不通、没人交流，就可能出现很多问题。

黄浩明：我听说半夜12点多志愿者给伍鹏打电话说这个地方停电了？

王行最：对，停电了，没水了，也曾经出现过入室盗窃的情况，这些问题如果在国内遇到，有自己的社会网络，有熟人朋友的支持都不是问题，但他们是在异国他乡，人生地不熟，一个小问题经常会被放大成非常大的问题，基本上天天有抱怨，天天来投诉。

黄浩明：以后志愿者出国是不是要搞一个训练？

王行最：我们是做了专门的出国前培训的，其实在整个过程当中，需要有一个心理机构提供持续支持。包括志愿者回国后也需要提供安置费，他们走了一年，一般他们都从原单位辞职了，回来以后又得找工作，前两个月没工作没收入。如果有比较完整的国际志愿者派出体系，那么这些志愿者回来后至少在半年内项目组要提供安置费。

黄浩明：徐永光一直是政策倡导的“旗手”，也是社会组织的领袖，刚才王行最讲的这些问题，不管是签证问题，还是政策问题，以及海外员工的安全问题、心理问题等，听听您的高见。

徐永光：我对教育领域了解相对多一些，实际上，我们在非洲尝试的一些公益模式，在国内教育方面还可以做很多创新，我讲一个案例。上海沪江集团有一个“互联网+”计划，叫“沪+计划”，“沪+计划”不是课外培训，它是和教材一体化的。他们去了一个山村小学校，那里只有3个孩子、1个老师，教育质量肯定是很难想象。“沪+计划”推进时，他们向政府提出一个条件，就是开通互联网。他们给这3个孩子每人配一个小平板电脑，采用“沪+计划”的在线课程。结果这3个孩子最后全县考试排名都在前面，而且这3个孩子的英体美其他方面也都好，玩得也好。还有一个西部地区的学校，学校一开始只有12个学生，“沪+计划”实施一年后，把已经跑到外县读书的60多个孩子和家长都吸引回来了。12 人的学校变成了 70 多人的学校，一些老师带着孩子也回来了。“沪 + 计划”让这个村子重新又有了生机。当然，这样的计划在中国很难做，因为中国的教育信息化在教育体制内部运行效率很低。能做出一些案例就很不错了。非洲有一个桥梁国际学校，桥梁国际学校的创办人是一名女士，原来在中国辽宁本溪号称“亚洲可持续发展第一村”待过。后来到非洲建桥梁国际学校，建了几百所，她就是用信息化教育。因为非洲政府没有这些限制，只要你能解决孩子读书问题就行。

黄浩明：没有“双减”政策是吧？

徐永光：非洲是畅通无阻的，中国此类搞教育信息化的机构，在中国推广很难。2002 年教育部“校校通”在贵州启动。当时希望工程也在做教育信息化尝试，开发了中小学“音像电子馆”和“希望网校”，还把名师讲课课件送上了卫星，底下置一个“锅”就可以接收了，我提的口号是“最好的老师天上来”。但是，这些尝试都无疾而终了。

黄浩明：民促会在东亚地区，一直在做中日韩的对话工作，我听说已经做了 12 次了。在农村发展问题上，杨老师一直都在研究日韩模式，刚才福武总一郎先生也介绍了艺术活化乡村经验，你们是否有和日本做一些乡村发展的合作项目？

王香奕：与东亚地区的合作，也是民促会成立后一直推动的。东亚民间社会论坛，是黄浩明理事长在民促会工作的时候，作为中方发起人，和日本、韩国两家机构共同发起的对话平台。我们在 2021 年 11 月初，举办了第十二届东亚民间社会论坛，2021 年的话题也是结合当前形势，选择了社会工作的话题，让中日韩三方嘉宾共同分享在社会工作领域，包括老人和儿童在内的社区工作中，如何发挥社会组织的作用。

这个平台是一个长期的合作与交流机制，话题也比较多元，之前做过救灾话题、企业社会责任话题、志愿服务话题，今年是社会工作。未来可能围绕乡村振兴或者乡村发展，跟日韩的伙伴们一起来探索中日韩三方在乡村发展领域的经验与合作。

黄浩明：日本的传统有机农业做得很好，我去了日本将近30次，在农村住过五六次，他们的农村依然用草木灰盖房子，冬暖夏凉，这个非常好，估计中国不用了，但是日本还在用这个。有一个日本人写了一本《草木灰使用手册》，这么厚的一本书，是日文的，他讲的故事非常好。中华一直在做动物保护，动物保护方面跟乡村振兴有什么连接？

赵中华：动物保护和乡村振兴的关系是非常紧密的。我们食物当中很大一部分是动物性食品，肉蛋奶，我们穿的皮鞋等，还有宠物对我们的陪伴，都和动物有关。所以，处理好人与动物的关系是非常重要的。野生动物保护已经达成国际共识，野生动物在野外生长，它是生态链的一个环节，保护野生动物，要让它们在大自然安全成长，保护它整条生态链，生态链保护好了，空气好了，水好了，才有绿水青山。像习近平总书记讲的，良好的生态环境是最好的公共福利，意思就是整条生态链保护好了，与之相关的所有人都受益。我们养殖动物可以做到福利养殖，少养一点，养好一点，产出的肉蛋奶健康、安全，对全社会是有好处的，并且可持续，而劣质的、密集的养殖最后是不可持续的。

黄浩明：跟我们的生活质量还有点关系？

赵中华：是的。

黄浩明：我到日本，看到他们农村养鸡，他们周边是不用化肥农药的，所以鸡蛋是可以生吃的。在动物保护方面，你们好像有个养猪的项目做得很好。

赵中华：现在我们其实有一个观点，不让人吃肉源性食品肯定不行。但是过量食用肉源性食品，也会造成大量的问题。现在有的国家，有的城市，出现肉比蔬菜便宜的情况，这是一件很恐怖的事情。因为要把植物性的食物转化成肉食，会有大量的损耗，而且过程中会产生很多碳排放。过量食肉，食用品质不好的肉，有百害而无一利。所以我们倡导的方式是大家多吃植物性食品，可以吃肉，但要适量，要吃品质好的肉，少吃肉，吃好肉。就像刚才黄浩明老师说的，肉可以少吃一点，但是你吃的东西一定要特别好，这样才有利于人民健康，有利于可持续发展。

黄浩明：我们多吃植物性食物，少吃肉，多吃好肉，这个观点很好。最后请我们 4 位嘉宾做一个展望，乡村发展或者乡村振兴合作，未来我们中国应该怎么做?

赵中华：鼓励社会组织出去，政府可以用一部分外援资金支持社会组织走出去，比如“一带一路”的一些投入也可以用于支持社会组织。这样一来，资金的使用效率会更高，更有利于体现中国的软实力。

王行最：公益组织探索国际化之路，这条路很长，也很难，但是很有意义。

黄浩明：我们知难而行。

王行最：希望政府支持我们，希望这条艰难探索的道路上有更多的同行者。

王香奕：希望在未来的乡村发展过程中，能够充分考虑气候变化带来的影响，公益组织可以发挥自身的资源和工作优势，促进不同国家的经验分享，助力乡村振兴。

赵中华：公益组织是连接世界各国人民的桥梁和纽带，民心相通要靠公益组织，赠人玫瑰，手有余香，所以在座各位做的是非常高尚的事业，非常好的事业，谢谢大家！

黄浩明：我们今天 4 位嘉宾讨论了乡村振兴发展的国际经验和国际合作，大家以热烈掌声感谢赵中华、王行最、王香奕、徐永光，谢谢大家！也感谢线上线下朋友的支持！

第四篇

社会力量助力乡村振兴的特色实践

习近平总书记指出“向上向善的文化是一个国家休戚与共、血脉相连的重要纽带”。中国具有持久的慈善力量，中国人强调守望相助、风雨同舟，弘扬中华优秀传统文化、实现中华民族伟大复兴，离不开公益慈善行业的健康蓬勃发展，而政府对于行业生态的结构发挥着重要作用，如何处理新时代政社关系是公益慈善组织和政府共同面对的重要议题。

正如习近平总书记在中央扶贫开发工作会议上所言“我国社会不缺少扶危济困的爱心和力量，缺的是有效可信的平台和参与渠道”。第九届中国慈展会，邀请遂川政府代表，分享精准扶贫与乡村振兴工作及公益慈善发展中的遂川经验，为在发挥第三次分配作用、促进共同富裕的时代命题下，探索中国特色的公益慈善发展道路积累新经验。

政社协同：公益慈善的遂川经验

遂川县委副书记、县人民政府副县长　徐鹏

精彩观点

1. 遂川县对接社会组织工作的主要做法有5个方面。第一，高位推动，健全组织机构。第二，摸清需求，提升项目设计。第三，积极对接，优化项目匹配。第四，精准核查，规范项目管理。第五，做好反馈，加强成效宣传。
2. 慈善公益事业开展水平是反映一个地区社会文明进步程度的标志之一。开展慈善公益事业，有利于推进社会主义精神文明建设、提高公民的社会责任意识、营造良好的社会风气，对于新形势下调节利益分配、缓解社会矛盾、构建和谐社会具有非常重要的意义。
3. 慈善事业，要制度先行。慈善事业，突出文化属性。慈善事业，关键在培育。
4. 作为监管部门或者接受慈善组织捐赠的部门，必须保证慈善组织募集的每一分钱、用出的每一分钱都能够清楚透明，确保群众的爱心善举直达所需，确保每一笔慈善资金、每一个慈善项目都能处在公众监督之下，让它更有效发挥作用。

我从遂川县情、遂川在慈善公益方面的做法，以及个人对慈善公益的一些思考和期许方面和大家进行分享。遂川县位于江西省西南边境、吉安市中南部，土地面积 3144 平方公里，现辖 23 个乡镇、2 个国有林场，309 个行政村和 33 个居委会，总人口 62 万多人，是吉安市人口最多、土地面积最大的县，是原中央苏区振兴发展县、罗霄山片区集中连片扶贫开发县（民政部定点扶贫县）、国家主体功能区建设试点示范县、国家重点生态功能区。

首先，遂川县情，可以用“三个字”来概括：一是“红”，即革命史红。遂川是当年井冈山革命根据地的核心组成部分，缔造了“五个第一”的中国近代革命史，即红六军团长征的首发地、毛泽东亲手创建的第一个县级工农兵政府、毛泽东亲手创建的第一个红色圩场、工农红军“三大纪律六项注意”的首次颁发地、井冈山革命根据地建立后在遂川五斗江打了第一场胜仗。

二是“古”，即人文历史古。自东汉建县，至今已有 1800 多年，有着悠久的历史和人文景观，拥有“五个千年”的历史积淀，即千年鸟道、千年茶山、千年温泉、千年梯田、千年楠木。

三是“绿”，即生态资源绿。遂川 80% 是山地，是典型的山区县，森林覆盖率达 78.5%，素有“八山一水半分田，半分道路和庄园”之称。遂川拥有“五张国家级绿色名片”，即全国生态旅游大县、全国生态文明先进县、中国绿色名县、中国生态魅力县、国家重点生态功能区。同时还拥有众多特产资源，包括“遂川三宝”（金桔、板鸭、狗牯脑茶）。

其次，遂川县在慈善公益方面的成绩和做法。近年来，在民政部的大力引导下，社会组织投入大量资源帮助遂川脱贫攻坚，

2018年以来，引进慈善公益项目，帮扶资金和物资1.6亿元，项目覆盖民政民生、产业扶贫、健康教育、基础设施建设等领域。众多社会组织对遂川脱贫攻坚的支持，极大地促进了遂川县社会、经济、生活的发展，提升了全县人民群众的获得感、幸福感、安全感。

在民政民生类项目方面，中国老龄事业发展基金会启动“乐龄陪伴——农村留守老人关爱工程”，与遂川县农村互助养老相结合，捐赠370万元支持遂川建设“乐龄之家”，目前已建成“乐龄之家”218个，覆盖了70%的行政村，真正解决了农村独居、空巢老人的饮食难、娱乐少的问题，给老人带来了温暖和快乐。

中社社会工作发展基金会捐赠98万元建设了4个阳光家园民政营地，为农村留守儿童、困境儿童等适龄儿童开展服务，旨在通过亲情陪伴、托管照顾、沟通引导的方式，为他们提供专业服务场所和安全健康快乐的成长平台。

中国社会福利基金会、中国扶贫基金会捐赠254万元援建泉江镇中心敬老院，解决遂川县城关镇养老设施和场所不足的问题。

此外，中社社会工作发展基金会、中国妇女发展基金会、中国老龄事业发展基金会、中华慈善总会等共同为遂川最大的易地扶贫搬迁安置社区捐建综合性社区服务中心——云岭社区邻里中心。在社区党组织领导下，加强社区自治组织建设，引入专业社会组织，发挥社会工作人才作用，精细社区治理，聚焦“一老一小”，促进居民融入，为社区居民提供协商议事、养老照料、儿童关爱、卫生保健、公共法律等功能空间和公共服务，实现资源在社区整合、服务在社区拓展、民心在社区聚集。

在产业扶贫类项目方面，国家能源集团公益基金会捐资100万元支持草林井冈蜜柚产业扶贫基地建设；中益老龄事业发展中心、中国社会福利基金会捐资150万元支持珠田乡生态农业基地建设；深圳市慈善会捐资50万元支持堆子前镇金桔产业扶贫基地建设。

在健康教育类项目方面，浙江传化慈善基金会捐资2100万元为我县建设105个村级卫生室；中华思源工程扶贫基金会捐赠7台救护车，价值100万元；中国慈善联合会协调中国狮子联会、中天爱心慈善基金会为遂川购买11台血透机，价值130万元；中国妇女发展基金会发起“加油木兰”项目为遂川贫困女性提供教育、医疗保险，2019年保费150余万元，2020年保费约240万元。

在基础设施类项目方面，中国扶贫基金会捐资45万元支持溪桥工程项目建设，为乡村建设便民小桥；中国社会福利基金会捐资50万元支持新江乡圩镇公益亮化工程建设；中国志愿服务基金会联合腾讯公益以遂川山区留守儿童夜行不便利为立足点，发起“照亮留守儿童那盏灯”项目筹到130万元善款，马化腾先生还亲自推介这个项目衍生出来的公益小游戏。

遂川县对接社会组织工作的主要做法有5个方面。第一，高位推动，健全组织机构。成立了县领导牵头、各委办局分工协作的对接县外社会组织领导小组，下设办公室负责具体对接工作。在人员上明确总牵头人、总协调人，各乡镇党委书记为对接第一责任人，在方式上明确按“县里统筹、乡镇一对一”开展对接。同时，组建项目对接微信群，形成“一人一项目，一周一调度”的工作机制。

第二，摸清需求，提升项目设计。我们每年4月前都会收集乡镇实际需求，形成项目库。随后挑出需求较为普遍的项目，对这类项目的可行性、实施后可达到的效果等方面进行提升，形成品牌项目，包括阳光家园民政营地、“照亮留守儿童那盏灯”、互助养老之家、爱心茶园、爱心金桔园等。着重强化产业扶贫，落地13个产业扶贫项目；聚焦民政民生，引导资金投入敬老院改造、农村互助养老之家、留守儿童阳光家园等民生事业发展方面，力争帮扶资金效果最大化。

在项目设计上，以“照亮留守儿童那盏灯”项目为例，2018年年初，我们在遂川县戴家埔调研乡镇需求，发现学生书包里都会准备一个手电筒。经调研得知，山区冬天黑得早，亮得晚，但是乡镇的亮化工程较为缺乏，秋冬季节学生上学和放学需要打手电，众多山区乡镇都面临路灯缺乏的问题。因此，我们选准了留守儿童这个受益对象，设计了“照亮留守儿童那盏灯”太阳能路灯项目，抓住中国志愿服务基金会在遂川开展定点扶贫工作调研的契机推介该项目，获得双方共鸣。在积极与中国志愿服务基金会对接、沟通项目后，项目成功在中国志愿服务基金会官网上线众筹。后来，中国志愿服务基金会又与腾讯公益取得联系，在腾讯新闻上报道了我们的项目，并开始在腾讯公益平台上筹款。腾讯公益还为我们设计开发了一款公益小游戏——“灯山行动”，成功吸引了大量网友关注。该项目在多方共同努力下，获得了广大网友支持，截至目前已募集资金240余万元，其中130万元用于支持遂川路灯项目；“灯山行动”公益小游戏获得“我是创益人——2018中国公益广告创意大赛”金奖，腾讯董事长马化腾先生亲自发微信朋友圈为项目推广。一个符合实际需求，创意较好的项目设计，再加上社会组织的助推，往往能得到令人惊喜的结果。

第三，积极对接，优化项目匹配。我们明确了县外社会组织在遂川开展定点扶贫工作的流程，做到有据可依，有章可循。流程包括：①调研走访，确定资助方向；②签订协议，确认资助金额、项目受益地；③捐赠资金打入遂川县慈善会账户，慈善会开具江西省统一慈善票据；④县对接社会组织领导小组办公室督促受益单位尽快实施项目，并及时反馈项目进度；⑤项目完工、验收后，在显要位置立感谢牌；⑥根据捐赠方要求，举行捐赠仪式；⑦项目受益单位根据“一项一档”资料要求向县对接社会组织领导小组申请拨付；⑧对接办向县对接社会组织领导小组、捐赠方汇报项目情况；⑨县对接社会组织领导小组定期向民政部汇报社会组织帮扶情况、项目执行情况，并于年终进行专业审计。我们根据社会组织项目捐赠意愿，统筹安排各社会组织前来遂川调研考察行程，高效推进捐赠项目在遂川落地。

第四，精准核查，规范项目管理。我们制定了《遂川县县外社会组织捐赠专项资金使用管理办法》；按照民政部规财司反馈的专业审计意见，对前期审计中指出的具体问题，逐一约谈所涉及的单位负责人，要求项目受益单位、乡镇认真整改，整改不到位的一律停止新增项目；建立“一项一档”项目管理制度，项目材料要求有 16 项（包括招投标、合同、会议研究情况、预决算等各环节、全流程材料），确保项目实施过程规范透明，每个慈善项目都有完备的档案资料。

第五，做好反馈，加强成效宣传。我们积极与捐赠方保持联络，做好项目进度和成效反馈；在项目实施地立碑竖牌，让受益群众了解项目援建背景，常怀感恩之心；年终会以县委、县政府的名义，为支持过我们的社会组织赠送感谢牌和感谢信；在微信公众号上宣传社会组织帮扶工作，宣扬社会组织善行义举。

在遂川县对接县外社会组织领导小组的正确领导下，我们秉承“热情、及时、主动、真诚”的工作理念，认真完成每一个慈善项目，审慎对待每一笔慈善捐款，让社会组织对老区人民的关心关爱切切实实惠及人民群众。

最后，对慈善公益的思考和期许。慈善公益事业开展水平是反映一个地区社会文明进步程度的标志之一。开展慈善公益事业，有利于推进社会主义精神文明建设、提高公民的社会责任意识、营造良好的社会风气，对于新形势下调节利益分配、缓解社会矛盾、构建和谐社会具有非常重要的意义。

慈善事业，要制度先行。互联网时代，要发挥好信息化的作用，推动慈善形式不断创新。探索建立慈善行为的记录和激励机制。建立个人的慈善账户，让人人愿做慈善的制度壁垒消除殆尽。通过这些激励政策和措施，进一步拓宽居民收入、社会财富向慈善事业涌流的渠道。

慈善事业，突出文化属性。弘扬慈善文化，挖掘典型事例，让人人皆可慈善标注上中国特色社会主义的文化属性，奠定慈善这个社会性事业的重要基础。

慈善事业，关键重在培育。在现代慈善事业中，慈善组织是连接社会慈善供需的纽带，大力发展慈善组织，发展志愿服务组织，提高慈善资源的组织能力、配置能力是我们当前的主攻方向。

同时，作为监管部门或者接受慈善组织捐赠的部门，必须保证慈善组织募集的每一分钱、用出的每一分钱都能够清楚透明，确保群众的爱心善举直达所需，确保每一笔慈善资金、每一个慈善项目都能处在公众监督之下，让它更有效发挥作用。

社会组织多维度助力乡村振兴

广州市恒福社会工作服务社总干事　范洁珊

精彩观点

1. 乡村振兴关键在人。
2. 社会工作是新时代推进社会治理和治理能力现代化的重要抓手。
3. 从3个方面探索社工服务嵌合供销社的传统业务，分别是有供销特色的农村社区服务体系，探索城乡融合发展和城乡人才队伍的建设。

乡村振兴战略是习近平总书记2017年10月18日在党的十九大报告中提出的，农业农村问题是关系国计民生的根本性问题，必须始终把解决好“三农”问题作为全党工作的重中之重，实施乡村振兴战略。2021年中央一号文件也发布和提出了中共中央、国务院关于全面推进乡村振兴，加快农业现代化的意见，这是21世纪以来第十八个“三农”工作的中央一号文件，可见推进乡村振兴是重中之重，文件指出民族要复兴，乡村必振兴。

在2021年7月1日庆祝中国共产党成立100周年的大会上，

习近平总书记说道：100 年来，中国共产党团结带领中国人民进行的一切奋斗、一切牺牲、一切创造，归根结底就是一个主题：实现中华民族伟大复兴。农业农村问题是关系国计民生的根本性问题，要坚决把解决做好“三农”问题作为全党工作的重中之重，把全面推进乡村振兴战略作为实现中华民族伟大复兴的一项重大任务，举全党全社会之力，加快农业农村现代化，让广大农民过上更加美好的生活。

在乡村振兴方面，产业振兴、生态宜居、乡风文明、治理有效和生活富裕这二十字总要求全面阐述了实施乡村振兴战略在各领域与各方面的具体要求，是“五位一体”总体布局、“四个全面”战略布局在农业农村发展中的具体体现。

正如习近平总书记指出，“乡村振兴是包括产业振兴、人才振兴、文化振兴、生态振兴、组织振兴的全面振兴”。在乡村振兴方面，社会组织可以发挥什么样的作用？可以从以下几个方面着力。

在产业振兴方面，可以通过消费扶贫和产业扶贫开展工作。在生态宜居方面，可以建设美丽乡村，打造农村环境，参与厕所革命，等等。在乡风文明上面可以多做一些移风易俗的工作。在治理有效方面，可以发挥社会组织的力量，参与基层组织的建设。在生活富裕方面，我们可以一起去做公共服务水平的提升和消费品的下乡工作，去整体促进乡村的发展。

乡村振兴关键在人。2021 年 2 月，中共中央办公厅、国务院办公厅印发了《关于加快推进乡村人才战略的意见》，文件中指出，要坚持和加强党对乡村人才工作的全面引导，坚持农业农村优先发展，坚持把农村人才资本开发放在首要位置，大力培育本土人才，引导城市人才下乡，推动专业人才服务乡村，吸引各类人才在乡村振兴中建功立业，健全乡村人才工作体制机制，强化人才振兴保障措施，培养造就一支懂农业、爱农村、爱农民的“三农”工作队伍，为全面推进乡村建设、乡村振兴，加快农业农村现代化提供有力的人才支撑。

在《加快推进乡村人才战略的意见》文件中，还特别强调了要加强社会工作专业人才队伍的建设，加快推进乡村社会工作服务站建设，加大政府购买服务力度，吸引社会工作人才提供专业服务，大力培育社会工作服务类的社会组织，加大本土社会工作专业人才培育力度，鼓励村干部、年轻党员等参加社会工作职业资格评价和各类教育培训，持续实施革命老区、民族地区、边疆地区社会工作专业人才支持计划，加强乡村儿童关爱服务人才队伍建设，通过服务奖补、税收减免等方式，吸引我们的高校毕业生、退役军人、返乡人员参与社区服务。

社会工作是新时代推进社会治理和治理能力现代化的重要抓手，社会工作可以发挥怎样的一些专业优势，助力乡村振兴？我认为有以下几个方面：

第一个方面是发挥资源链接的优势。社会工作者联动了政府、企业、社会组织等主体，为乡村社区广泛争取社会资源，构建村民发展的社会支持网络，优化乡村村民生存发展的社会环境，在这方面，社会组织和社工机构可以介入到村庄的产业规划，农民的合作、组织产业链的深度融合，电商平台的打造以及利益链接机制的建构等环节当中，我们可以通过培育新产业新业态来做大做强乡村产业，推动乡村产业的转型升级，实现产业兴旺的目标。

第二个方面是关于增强赋能的优势。社会工作的目标之一是发掘社会优势资源与能力，这其中也包括人力资源。实施乡村振兴战略，需要更多的优秀乡土人才支持。只有强化乡土本土人才队伍的建设，提升乡村人才的知识、技能和素质，才能通过赋能乡村人才，进一步推动乡村社区可持续发展。在这方面，我们可以利用专业精准扶贫的办法，探索建立小农户链接大市场的机制，找到村庄与农民的发展优势，加强农民资产和能力建设，促进农民增收和实现生活富裕。

第三个方面是社会工作的倡导优势。全面的乡村振兴需要本土化的当代特色乡村文化支撑，社会工作者协助当地村民挖掘和发扬本土优秀文化，积极开展慈善公益活动等，提升农民精神风貌，提高乡村社会文明程度，焕发乡村的文明气象。在这方面我们可以结合社会工作的三大专业工作手法，个案、小组、社区工作等来组织开展社区文化活动和宣传教育，培育文化乡村与良好家风。同时借助新时代文明实践中心作为载体，来践行社会主义核心价值观与弘扬中华优秀传统。

第四个方面是服务视角的优势。社会发展的社会工作视角让农村社会工作有更宽阔的视野，更包容的思路，更多元化的介入措施和更多元的方法，跨专业跨领域的系统性，长时间的行动，推进乡村绿色发展的方式，加强农村人居环境整治，有利于构建人与自然和谐共生的乡村发展新格局，让良好的生态成为乡村振兴的支撑点，贯彻落实生态发展及农业农村绿色发展的理念，在这一方面，社会组织可以协助地方政府与村干部做好村居人居环境整治与环境治理的工作，乡村的发展与振兴，不能以牺牲生态环境为代价，社会工作可以参与到农村垃圾分类、水域治理、乡村绿化等工作之中，构建形成生态宜居的美丽乡村，一起打造“绿水青山就是金山银山”的美丽家园。

第五个方面是发挥精准服务的优势。完善社会保障体系。社会工作长期扎根于基层一线了解特殊困难群体的真实需求，通过调动社会参与、志愿服务互动等一些方式，能够精准有效地把资源和服务输送到困难群众之中，对提升和促进乡村的民生保障起到积极的作用。

以上几点是我们在工作中对发挥社会工作优势助力乡村振兴的一些思考，接下来一起看一下我们是怎么通过社会工作来嵌合“三农”服务的。

2020 年 9 月，习近平总书记对供销合作社工作作出重要指示，指出供销合作社是党领导下的为农服务的综合性合作经济组织，有着悠久的历史、光荣的传统，是推动我国农业农村发展的一支重要力量。供销合作社要坚持从“三农”工作大局出发，牢记为农服务根本宗旨，持续深化综合改革，完善体制机制，拓展服务领域，加快成为服务农民生产生活的综合平台，成为党和政府密切联系农民群众的桥梁纽带，努力为推进乡村振兴贡献力量，开创我国供销合作事业新局面。

广州市供销合作社是中华全国供销合作总社、广东省供销合作联社的成员社，是广州市委、市政府领导下为农服务的综合性合作经济组织。全市供销合作社系统由广州市供销合作总社、10 个区供销合作社（越秀区没有供销合作社）、65 个基层社组成。截至目前，全市供销合作社系统共领办创办农民专业合作社联合社 9

家、农民专业合作社 197 家，牵头组建庄稼医院 38 家、社会工作服务机构 10 个，各类经营服务网点 4200 多个，覆盖全市主要街镇和绝大部分行政村。

在这样的一个背景下，我们主要是从 3 个方面探索社工服务嵌合供销社的传统业务，分别是有供销特色的农村社区服务体系，探索城乡融合发展和城乡人才队伍的建设。

在城乡综合服务建设方面，供销社发挥着联系政府和群众的桥梁纽带作用，积极配合政府开展社会治理和社会创新的服务，在党委政府支持下，通过承接项目自主建设合作组建的方式，建设了城市社区家庭综合服务中心、农村社区综合服务社和人力资产服务市场，等等。

主要围绕城乡社区居民的文化生活、教育培训、劳动就业、社会保障的热点难点问题提供服务，推动各区成立社工机构，全系统形成合力，成为承接政府服务的主要力量和服务城乡社区的专业平台。截止到现在，在整个供销社系统下面，一共有 9 个专门提供社工社会工作专业服务的机构。在探索有供销特色的农村社会服务体系方面，于 2014 年成立了第一家村级社区综合服务中心，探索了农村社区服务的新路径，打造了农村社区共建共治共享的新格局。

我们的主要服务内容是为“三留守”人员提供基础的服务，同时也搭载了供销社的传统职能，例如提供农资农技的培训，建立运营村民合作社，推广农村资源回收和垃圾分类，等等。

近几年来在广州五大涉农区里，逐步探索农村社区综合服务，建成村级社区综合服务中心 21 家，包括从化区 2014 年至今共 6 家、白云区2015年至今共7家、增城区2015年至今共5家、花都区2016年至今共3家、黄埔区2016年至今共2家。其中从化区新围村社区综合服务中心，2016年被评为广东省五星级村级服务社，白云区依托当地丰富的农产品资源，引导村民注册广州市白云区富民瓜果专业合作社，并在2020年获评广州市农民专业合作社示范社称号，大家以各种的方式改善了村民的生活，助农增收，改善生计。2021年的1—9月，在大家的共同努力下，各个村级服务社一共服务村民16万人次，链接资源8.9万元，助农增收2.2万元。

恒福社工在城市社区进行了一定的探索和服务之后，也积累了一些在农村社区服务的经验，反思和探索怎么去开展城乡互动的服务。在乡村振兴战略中提到，必须要走城乡融合发展之路。城乡融合发展要跳出乡村看乡村，不能只靠乡村自身积累，还要推动资源要素的强力反哺，增加对农业农村基础设施的建设投入，推动人才、土地、资本等要素在城乡间双向流动和平等交换。要优化城乡基本服务的供给模式，推动公共服务向农村延伸，健全全民覆盖、惠普共享城乡一体的基本公共服务体系，让农民也可以享受到多元化的公共服务。所以我们在2017年就开始探索以小额资金支持加场地支持加专业支持的一个微创投的形式，吸引大学生团队和社会组织，以我们的村级服务点为阵地，开展多元的公益服务。

接下来跟大家分享一下我们探索城乡融合发展的两个项目，第一个项目是“沃野乡伴”——大学生农村服务公益微创投。项目理念是：关注农村，服务农村，广阔沃野，有我“乡”伴。目标是鼓励大学生关注农村，了解农村，参与农村服务发展，感召大学生投身农村服务，并通过宣传和执行项目的过程有效提高广州市供销系统农村社会服务的知名度。我们采取的项目运作方式是鼓励大学生团队自主策划、申报和实施农村社会服务项目，过程中由市恒福社的资深社工担任督导及培训讲师，为大学生团队提供充足的专业支持。

“沃野乡伴”大学生农村服务公益微创投项目已经开展了3届，一共4年。4年来共有11所高校的23支大学生团队深度参与项目，开展活动156场，覆盖村级综合服务中心14个，服务广州市周边农村居民近10000人次。服务内容丰富多元，涵盖留守儿童安全教育、留守长者关怀、乡村妇女赋能、社区营造、农村电商培育、社区健康教育等方面。有效联动了广州市周边乃至珠三角的高校资源，吸引了不同专业的年轻学子尝试到农村开展社会服务。发挥多元参与主体的丰富创意，创造更多服务的可能性，为农村地区链接到多元的服务资源。

第二个项目是城乡创意汇——城乡互动创意服务大赛。项目的宗旨是借助社工服务推动城市和农村两端人群的互动交流。以小额资助的形式，推动参与主体关注城乡社区互动，为农村社区发展带来活力，项目内容涵盖“三留守”人员基础服务、社区营造、自然教育及其他城乡互动等各个方面。

城乡创意汇也连续举办了两届，共有31个项目落地执行，覆盖供销社下属12个村级社区综合服务中心，开展社区活动238场，小组39个，服务城乡居民近35000人次。在服务的过程中，城乡两端人群都有机会亲身体验到城市本土特色与农村传统特色的碰撞与融合。在项目的开展过程中，我们也通过培育乡村本土的能人，带领城市参与者在乡村进行自然教育、农耕体验、文化传承，尝试推动乡村农产品、文化手工作品的品牌打造，在优化农村内外部活力，重塑城乡关系的同时也关注农村未来的经济发展。

在城乡人才队伍的建设方面，首先，村级社区综合服务中心社会工作组督导培训服务项目。服务对象是市供销系统村级社区综合服务中心的全体工作人员及承接机构的相关负责人、镇街及村两委相关工作人员、村民骨干。服务理念是融合、发展、创新、提升。围绕项目目标提升村级社区综合服务中心工作人员的服务能力与服务水平，培养一支懂农业、爱农村、擅服务的农村社区工作队伍，着力打造有特点和有影响力的服务项目。服务内容主要是社会工作基本知识、项目策划与管理知识、农村工作知识、旅游线路规划等。

3 年来，组建了一支由 25 名资深社工组成的“恒福系”督导人才团队；培育乡村社工 45 人，覆盖 23 个村级服务点，扎根农村一线开展助农服务；搭建“市级—区级—村级”三级支持平台，满足各片区村级中心的差异性需求；协助村级中心做好合作方维系工作，提升了资源整合、资源链接能力；组织“广州市供销社农村社区综合服务中心项目第一届项目案例大赛”，锻炼乡村社工项目逻辑和表达能力，协助各项目组打造有影响力的服务项目。

其次，关于志愿者队伍发展问题，志愿者队伍的建设是保证社区健康发展，推进和谐社区建设的基础。

社会组织在社区建设过程中，作为“三社”联动的一个重要组成部分，发挥着不可替代的作用，市恒福社作为一个以开展城乡社区综合服务为工作重点的社区组织，以多元化的方式开展志愿服务活动，满足城乡社区不同居民关爱他人服务社区的愿望，激发城乡居民参与社区服务的热情，为乡村振兴注入了新的动力。主要做法有 3 个：

第一个是主动挖掘社区志愿者的力量，针对城乡社区的企事业单位，有资金、人才和设施的资源优势，主动建立关系，选择性吸纳他们加入城乡社区志愿者队伍，使得企事业的人力物力资源和乡村共享，开展社区需求调研，把有需要加入志愿服务的城乡居民组织到志愿者服务队伍中来，用其所长，搭建与社区学校、学生团队沟通的桥梁，培育其成为协助社区志愿服务的主力军，建立志愿服务队伍的管理机制，对志愿者队伍进行分类，有组织有计划地开展各类志愿服务，使志愿服务队伍从群众中来到群众中去，扎根社区。

第二个是拓展志愿者的服务功能，满足不同层次城乡居民的需要，结合志愿者各人特长，组建若干志愿服务小分队，例如关爱慰问志愿者队、家电维修志愿者队等，推动社区志愿服务网络的搭建，助力城乡社区共建共治共享。

第三个是提高志愿者综合素质能力，建立志愿者招募和培训制度，为志愿者提供培训学习的机会，主要围绕志愿者权利义务、提升志愿者基本技能等方面开展培训，促进志愿者之间的交流学习，提高整体队伍的综合能力。

综上，我们觉得社会工作在整个加入的过程中，发挥了以下角色功能：社会组织是参与者，社会组织提供专业服务，促进居民的协调参与；我们是多方联动的促进者，积极联动社会资源搭建合作的网络；同时也是社会政策的影响者，我们提供一些信息咨询，也通过一些服务成效的评估，为政府的决策提供一些信息；同时也是高效服务的管理者，通过一些服务的咨询、研究、督导等方式来设计社区服务的发展方案；最后是发展创新的倡导者，通过不断优化社会治理格局，一起来提升社区发展。

最后，是我们关于未来发展的一些探索和思考。社会工作与农村服务的契合式发展，一直是我们思考的一个话题，我们怎么样去相互推动，多方共赢？我们需要依托市供销社的资源和品牌，推动人才土地资源要素的双向流动，同时也要把握好广东省进一步深化供销合作社综合改革，打造为农服务生力军的计划，探索多样化城乡服务、农民专业合作社建设等方面。

在社会工作层面上，我们可以考虑“社工＋慈善”“社工＋金融”“乡村教育＋乡村产业”“产学研＋文化传承”等方面，同时也需要加强培育，激发社会组织的活力。

社区资源活化与乡村振兴

——基于从化新围村的实践分享

广州市恒福社会工作服务社农村工作部主管　赵楠

精彩观点

1. 以“和谐”和“发展”为核心，通过生活、生产、生态、生计四个方面的介入，推动新围村人力资源、文化资源、土地资源和社区组织的活化，从而带动当地弱势群体帮扶和参与乡村振兴实践。
2. 自项目伊始，便着力两条腿走路，既关注当地的生活、生态，也关注村民的生产、生计。开展团体的会议引导成员转变思维，从成功的思维转换成经济思维。
3. 从推动村落经济发展大局着眼，从改善村民生计出发，以社区资源活化为抓手，以自然农耕体验游为载体，以农民专业合作社孵化培育为手段，进行了一系列乡村建设实践和试验，带动当地农产品销售、拓展临时性服务岗位，帮助农户实现了经济增收。

一、服务背景

随着现代化、城市化的快速发展，传统农耕生活方式逐渐被遗忘，生活在城市的孩子越来越远离土地，大多已经分不清野草与麦苗，“五谷不分”成了普遍现象。因为缺少了真实的体验、感知和感受，孩子们渐渐失去了对自然的敬畏、对食物的珍惜、对劳动的尊重，这种变化对于孩子们的健康成长非常不利。

2020 年 3 月，中共中央、国务院出台《关于全面加强新时代大中小学劳动教育的意见》，要求把劳动教育纳入人才培养全过程，全力培养孩子的各项劳动能力，受到社会、学校和家庭的广泛关注。而田园农耕活动可以让少年儿童在自然环境中远离城市的喧嚣，将其从电脑、手机游戏中解放出来，通过“做中学”的方式，体验“农人田间忙种粟，男女老幼汗湿襟”的劳作艰辛，感受“稻花香里说丰年，听取蛙声一片”的美好与丰收的喜悦。因此，乡村旅游，特别是自然农耕体验活动顺势成为当前的热潮。

新围村位于从化区西部，鳌头镇东部，距从化区 15 公里，离鳌头镇 14 公里，与明珠工业园比邻，286 县道经村而过，因而交通较为便捷。村内有着丰富的农业资源，农作物种类丰富，以水稻为主要粮食作物，以马铃薯、蔬菜、花生、沙糖桔、番薯、沙葛等为主要经济作物。但该村存在以下几个问题：一是农产品销售渠道单一，农产品销售主要依靠收购商上门收购；二是中空式家庭较多，中青年人外出打工，只有长者和儿童留在家中，长者既要打理农田，又要照顾孙儿，难以通过自身力量将农产品拿到去市场卖；三是外部资源较少，经济发展主要靠村民自己；四是村集体经济发展缓慢，村委缺乏资源为村民提供示范引领，对村落经济发展、农户经济增收的支持力度较小。

从化区新围村社区综合服务中心借助《关于全面加强新时代大中小学劳动教育的意见》等政策指引，依托新围村当地的农业资源和广州市恒福社会工作服务社的社会资源优势，以市区资源活化为手段，联动村民合作研发自然农耕体验项目，链接城市亲子到乡村体验自然农耕生活，带动新围村的经济发展，实现助农增收。

二、项目缘起

2013 年 3 月，广州市供销合作总社进驻新围村开展定点扶贫工作，取得了较好成效，与当地村民及村委建立了良好的合作关系。前期的扶贫工作主要聚焦在基础设施建设、公益性农化物资供应等方面。在 2013 年年底的工作交流中，当地村委向驻村扶贫干部反映，希望能够引入社会资源，开展像城市社区一样丰富多彩的活动，以此来丰富村民日常生活。为回应这一需求，广州市供销合作总社自筹资金，于 2014 年 5 月在新围村开始“农村社区综合服务中心”试点建设工作，具体服务由广州市恒福社会工作服务社承接运营。项目执行过程中，项目团队紧紧围绕供销社综合改革、精准扶贫、乡村振兴、为农增收等主题，逐步拓展和夯实服务，中心目前服务包含农资农化服务、青少年服务、家庭服务、社区环境美化、社区资源培育、社区乡村旅游等项目。

三、问题与需求

经过需求调研和服务经验总结，社工认为新围村存在以下几个方面的需求：

（1）当地村民有出售农产品的需求。新围村农业生产以自给自足为主，随着家庭成员外出务工，家庭对农产品的实际消耗减少，农副产品剩余量增加，农户期待有更多的渠道能够协助其售卖剩余农产品。

（2）当地村民有提高环保意识、改善村落环境的需求。社工介入前，当地村民的环保意识相对薄弱，随地扔垃圾等现象十分常见。村道相对破旧，老旧房屋无人打理，一些有村落历史印记的建筑也因缺乏维护而不断消失。村落想发展，需要从环境改善入手，营造一个绿色自然的乡村氛围。

（3）当地村民有发展生计、改善家庭经济的需求。如前所述，新围村以农业为主，村内缺乏大型企业，大部分家庭的经济来源主要依靠外出务工。近年来，由于制造业内迁、国家乡村振兴政策倡导等，一部分中青年开始返乡发展。同时，部分 50~60 岁的村中女性，因年龄限制，早两年已离开城市返回农村生活，他们也有在当地重新找到经济来源、参与经济活动的需要。但传统的农业生产模式，无法满足现代家庭的经济要求，要想留住村里的中老年女性和返乡青年，动员其参与到乡村发展中，必然要和其共同探寻新的生计发展可能性、从经济改善的角度激发其内在参与的可能性和积极性。

（4）荒废土地也需要得到重新利用，避免闲置和浪费。随着经济发展，原有的、单纯依靠农业种植的生产方式难以满足年轻一代的经济追求，中青年频频外出打工，村中劳动力大量流失；而且，留守老人常常需要将主要精力用来照顾孙辈，无暇打理田地，这些诱因都导致乡村越来越多农田被荒废和闲置。而根据《中华人民共和国土地管理法》第三十八条规定，"禁止任何单位和个人闲置、荒芜耕地。"土地是宝贵的资源，荒废的土地需要重新利用起来。

（5）当地村民有实现自我价值的需求。据史料记载，新围村建村历史悠久，村中 7 个姓氏的先祖均是 200 年前从江西等地陆续迁徙而来。在 200 多年的繁衍发展中，有非常多的传统农耕技艺和文化得以传承，村里的老年人都或多或少掌握了一些传统技艺，如制作豆腐、竹编、舞猫头狮、写毛笔字等。因为年龄限制，这些年长者无法外出务工，多留在农村照看小孩、简单务农等；同时，随着现代生产方式的不断普及，商品经济持续冲击农村社区，原来备受重视的传统技艺产品逐渐落伍，失去了市场竞争力，传统艺人们也逐渐式微。但社工们在走访中发现，村中老一辈也希望参加不同的活动，有机会展示自己的才能和价值。

四、服务逻辑框架

结合上述村落情况及过往服务经验，项目团队逐步梳理出"以'和谐'和'发展'为核心，通过生活、生产、生态、生计四个方面的介入，推动新围村人力资源、文化资源、土地资源和社区组织的活化，从而带动当地弱势群体帮扶和参与乡村振兴实践"

的服务思路。

在生活方面，注重丰富村民农余生活，重建人与人之间的和谐；在生产方面，链接专业技术资源提高农户农业种植能力、提高我们的农业生产效率；在生态方面，以身边事为切入点引导村民关注环保，重建人与自然的一种和谐；在生计方面，侧重于农民专业合作社培育，组织农村开展乡村体验游，促进村民经济增收。

五、实施情况

（一）打好基础，提供保障

1. 与农户建立友好关系

社工通过开展社区活动、入户探访和电话探访等日常活动，与村民建立互信互助的良好关系；前期以农户自家种植的农作物为基础，组织自然农耕体验活动试点，不仅解决了自然农耕体验阵地建成前的场地困境，同时也有效缓解了农户农产品销售的问题。

2. 发掘村民骨干，提升村民参与生计发展工作的意识和能力

（1）发掘村民骨干。首先，社工通过入户访谈的形式，对已参加体验游活动试点的村民进行动员，向其解释合作社概念、中心筹备合作社的目的等，邀请其参与筹备合作社，并鼓励其带动其他有意愿的村民一起加入。其次，进行预报名，并组织预报名

村民外出参观学习，开阔眼界，引导其看到合作社发展的可能性。最后，进行正式报名注册，并成功招募6名村民，组建了合作社孵化小组，实现由零散志愿者到固定成员的转变，为后续工作奠定了人力基础。

（2）培训和团队建设。合作社孵化小组成立后，社工定期开展孵化会议和主题培训，不断引入规则意识，培育和规范梳理的内容，逐步引导小组成员形成规则意识；成员也渐渐转变思维，愿意在团队中积极发言、参与分享和讨论，并遵守团队讨论制定的相关规则规范；另外通过节庆日开展团队建设活动，成员之间的关系也有进一步的发展。

（3）制定孵化小组日常管理规则，推动小组成员自我管理。社工通过定期组织孵化小组会议，引导和鼓励小组成员就合作社发展规划、小组管理制度等进行讨论，先后形成了《孵化小组公约》《农民专业社章程（初稿）》等制度，制定了相应制度章程和内部管理规范，并引导成员参照执行。

3. 建立自然农耕体验阵地

（1）整合土地，建设农场。社工通过实地考察、走访村委和农户，整合了约10亩土地资源，并组织志愿者开荒，成功建立自然农耕体验农场。农场的建立，增加了体验项目的多样性和灵活性，吸引更多游客，同时解决了部分农户原本土地荒废的问题，使闲置土地得到重新利用。

（2）农场规划与改造。农场土地开荒后，社工和孵化小组成员一起讨论规划农场布局、完善农场设施等，使农场初具规模；

并根据时令，安排种植花生、小麦、水稻、土豆、沙葛、番薯等农作物，用以组织开展自然农耕体验活动。社工引导孵化小组成员兼顾当地特有、体验感好、客户需求等因素进行品种选择，并与省农科院携手选取优质种子，进行育苗、种植培训，提高种植质量。

（3）研发自然农耕体验性服务。社工非常关注村民的参与，鼓励孵化小组成员一起参与设计自然农耕体验活动，为课程设计出谋划策，使方案更加落地和接近真实的农耕实践。课程大纲敲定后，社工会组织小组成员进行任务分解、培训和训练，协助小组成员掌握带领活动的能力和技巧。

4. 开展环保宣教服务，提升村民环保意识；筹集资金，开展美化乡村行动，改造村道，营造自然和谐的乡村生活氛围

（1）依托“恒福杯”公益环保创投等项目，开展“垃圾不落地—行动要落地”、“共创新围、绿色环境—环保宣传栏制作”、环保主题情景剧巡演等活动，宣传垃圾分类和垃圾不落地理念，提高了村民的环保意识，每家每户均能做到垃圾入桶，村道更加干净整洁。

（2）依托机构支持，整合多方资源开展乡村美化行动，有效改善了村道破旧、无特色等状况，打造了1条富有自然农耕文化气息的村道。新围村社工先后利用“恒福杯”项目和99公益筹款活动，整合了10余万元的资金，用于村道美化。前期，社工收集新围传统特色，如猫头狮、榨油坊、祠堂、特色农产品等，征集村

民村道美化意见；紧接着，积极与村民沟通，寻求村民支持，签署墙绘构件图和同意书；最后，链接专业绘画资源，组建“社工＋高校志愿者＋专业绘画者＋村民”团队，共同进行墙绘，美化村道，打造新围网红打卡点，支持自然农耕体验服务发展。

（二）开展实践，助农增收

（1）依托机构资源，开展宣传和推广，吸引城市居民到新围村体验游玩，开展城乡互动体验服务。自 2019 年 11 月起，先后组织了自然农耕体验活动 26 场、自然农耕主题夏令营 1 期、参访交流活动 3 场，带动 800 多名城市居民来到新围，为新围村带来 112270 元的经济收入。当地村民也参与到体验游活动中，通过提供食材、担当村民导师、活动协作者等，获得相应的报酬。在此过程中，驻村团队也实践和完善了已研发的体验课程，并与合作方形成了相对稳定的关系，为项目持续发展奠定了基础。

（2）积极利用多方渠道，协助当地农户销售农副产品，实现经济增收。一方面，建立“新围快闪集市”，将当地农副产品放在中心集中展示，并向到村中游玩体验的客户进行宣传推介，鼓励其购买、助农增收。另一方面，拓展销售渠道，不断尝试直播带货、微信接单等形式，帮助当地农户销售农产品。如借助机构年会的契机，开展线上直播助农销售农产品；发布微信公众号推文、置顶客户好评截屏等，宣传、推广新围农耕体验活动和优质农副产品；社工鼓励村民之间共享收购信息，拓宽销售渠道。例如，2021 年春，通过各种渠道，帮助当地一低保户农户销售滞销砂糖橘 980 斤，收入 2940 元。

砂糖橘种植户邓叔的家庭十分困难，其妻子鼻咽癌晚期，大儿子患有强直性脊椎炎无法下床行走，妻儿都需常年用药，而邓叔本人也有股骨头坏死，已动了3次大手术，本是家里顶梁柱却无法干重活。加上疫情影响，无人上门收购砂糖橘，邓叔面临巨大损失。社工通过入户探访了解到该情况，立刻发动身边资源，进行采购助农；并将采摘砂糖橘纳入体验游项目中，引入游客现场采摘，邓叔在收取入园费的同时也销售了砂糖橘，收入有显著增加。邓叔说："幸好有你们社工帮我销售砂糖橘，让我不至于亏本，谢谢你们。"

（三）反馈评估，升级优化

（1）加强游客意见收集。为优化和发展体验游项目，社工通过观察体验者的现场表现、在活动中及时交流、活动后邀请体验者填写反馈表等形式，及时收集体验者的意见建议，为提升体验游服务质量提供了建议和方向。

（2）提升孵化小组成员服务能力。每次活动结束后，社工会组织活动总结会，和小组成员一起回顾活动过程，发现问题、寻找不足、讨论改进方案。必要时，社工也会组织现场模拟，让孵化小组成员在实践中训练服务技巧、提升服务能力，力争下一次活动可以为游客提供更高品质的服务。

（3）强化服务品牌效应。品牌能增强项目的可信性、竞争性和传染性，让体验游项目更加容易深入人心。在机构的支持下，新围村团队策划、推出了"少年耕游记"品牌项目，并开展了多场"少年耕游记"一日游体验活动和主题夏令营，获得了参加者的一致肯定。目前，机构已发起了“少年耕游记”文字商标的申请，相关部门已完成了审核和公示。而在自然农耕营地建设方面，已有初步设想，后续将结合农产建设继续落实完善。

（4）丰富农耕体验服务，打造服务产品矩阵。中心鼓励孵化小组成员积极参与研发农耕体验项目，带领团队不断完善自然农耕体验服务内容，并朝着打造主题服务产品矩阵发展。目前，中心通过“培训 + 实践”的模式，已研发了“农耕主题夏令营”“落花生”“水稻的一生”“麦芒尖尖”四个主题农耕体验产品，并在实践中逐步修正和完善。同时拓展了“体验 + 交流”的服务形式，以接待有参访需求的体验游团体，拓展游客来源。

六、服务成效

经过几年工作沉淀，我们的服务也取得了一定的服务成效。

首先，活化了村中人力资源，吸引到更多村民关注乡村建设，热心村民参与试点新的经济合作形式。带动了 7 位留守妇女参与筹建生态旅游专业合作社；联合了 4 位从事走地鸡、蜜蜂、乳鸽养殖的返乡青年共同合作，将其养殖场纳入到体验游项目线路中；经济性活动也吸引了村中有能长者的参与，让他们在实现自我价值的同时，丰富充实了老年生活；同时，团队也鼓励曾参与服务的在读高中生、大专生，在假期参与到体验游项目中，做活动协作者、安全员等，在参与中看到乡村发展的可能性，为其未来返乡埋下一颗种子。

其次，活化了村中文化资源，为村民、特别是小朋友留下了历史文脉，也为乡村旅游奠定了基础。比如，征集老物件，打造村史馆；编撰口述史，传承客家山歌；参与 99 公益筹款，打造超 500 平方米农耕主题墙绘，传播农耕文化；在夏令营期间，邀请非遗传承人教授营员表演猫头狮，传播客家猫头狮文化。

再次，活化了土地资源，盘活闲置农田，开设体验示范田，提高土地使用率和产出比；建成农耕体验农场，引入资源，促进当地土地租赁和流转；带动村民组织农耕体验游，累计增收 10 万余元，提取合作社发展资金 1.6 万余元。其中，建设农场使 3 户农户的荒废农田得到重新利用；依托机构资源，与广东省农业科学院合作“农业废弃物利用和土壤改造”项目，开展有机堆肥、农作物病虫害生态防治等工作，丰富了农耕体验的内容，提升了孵化小组成员的种植知识和环保理念，对周边农户也起到示范的作用。另外，中心也积极参与农村土地流转工作，链接种植企业到新围村租赁农田，也将大大改善新围农田荒废的问题。

最后，活化了当地社区组织，激活生产队、合作社动力，推动其参与社区事务和服务社区。例如，合作社积累公益金 3000 余元，成员定期探访村中高龄长者、低保户；东新生产社积极支持乡村游，并利用活动剩余资金修缮了旧祠堂等。

除此之外，项目还在一定程度上促进了当地经济的发展，为村民生计发展提供了多种选择；也通过社工的带动，提升了村民的公益服务意识，公益理念正逐步潜移默化地深入合作社成员及村民心中。自 2019 年 10 月至 2021 年 5 月，共开展自然农耕体验活动 26 场、主题夏令营 1 期、参访交流活动 3 场，吸引了 900 多名城市居民到新围体验农耕生活，为新围村带来 112270 元的收益，合作社孵化小组成员直接创收2万余元。同时，社工还通过多种渠道，协助当地农户销售砂糖橘、大米、蜂蜜、菜干、青菜、花生油、番薯、沙葛、走地鸡、鸽子蛋、生姜等农副产品，37位村民累计增收3万余元。

带动村民成立社区公益金，从每次活动总收入中收取5%用于公益活动，回馈村落。截至2021年5月31日，已计提社区公益金3809元，并组织开展了“中秋”“重阳”等探访活动，慰问了村中31户低保家庭、15位高龄长者，为他们送去生活物资、缓解他们的经济压力，让更多困难村民因本项目受益。年长村民参加“新围快闪集市”，既销售了自家滞销的农产品，又帮助其他村民销售农产品，互助互利的氛围愈加浓烈。

七、服务反思

“务农重本，国之大纲。”农业农村农民问题是关系国计民生的根本性问题。实施乡村振兴战略，是党的十九大作出的重大决策部署，是决胜全面建成小康社会、全面建设社会主义现代化国家的重大历史任务，是新时代做好“三农”工作的总抓手。

作为广州市供销社系统第一间村级社区综合服务中心，新围村中心始终清晰其试验石和排头兵的角色，明白其供销社底色和使命，时刻牢记“为农服务”的根本宗旨。自项目伊始，便着力两条腿走路，既关注当地的生活、生态，也关注村民的生产、生计。

近年来，在乡村振兴战略背景下，新围村中心积极联动和整合各方资源，从推动村落经济发展大局着眼，从改善村民生计出发，以社区资源活化为抓手，以自然农耕体验游为载体，以农民专业合作社孵化培育为手段，进行了一系列乡村建设实践和试验，带动当地农产品销售、拓展临时性服务岗位，帮助农户实现了经济增收，工作成效相对明显。

在此过程中，社工团队积极发挥倡导、资源链接、组织、培育等作用，联动当地村民、村委、政府等多方资源为项目提供了人力、物力、资金的支持，保障了乡村建设的有效开展；同时还承担了服务开发、市场推广等角色，与村民一起研发体验游项目、开展市场宣传，吸引城市居民到新围村体验游玩、购物消费，推动了当地经济发展。

诗云："行百里者半九十"。在广州市供销合作总社的指导和支持下，新围村社区综合服务中心已有了良好的开端。未来，项目团队将不忘初心，继续拓展和优化服务，吸引更多内外部资源一起建设美好乡村，为"乡村振兴"工作大局交出属于供销社社工的真诚答卷。

乡村振兴战略下的社会工作案例分享与交流

广州市白云恒福社会工作服务社总干事　李伯平

精彩观点

1. 经济决定了人的行为，所以农村经济发展起来才能使乡村振兴，农村才能够真正发展起来，农民生活才能够真正富裕起来。
2. 生态也是解决现在城市虹吸效应的关键。
3. 站在农民的角度考虑他们的发展，我们才能在真正意义上跟农民站在同一条阵线，跟他们形成一个主体，以促进农村的发展和乡村的振兴。

现在农村主要问题包括了城乡发展的不平衡、城市的虹吸效应加剧、农村经济发展不足以及乡村发展落后于城市四个方面。鉴于此，我们在探索项目的时候，借助了乡村振兴相关的政策资源，包括乡村振兴的总体要求以及全面推进乡村振兴、加快农业现代化等要求。

一直以来我们在做乡村振兴的公益服务或者说社会服务时，

都停留在做服务，帮助弱势的群体渡过难关方面。但实际上乡村振兴20字方针，最重要的是产业振兴，这也是整个乡村振兴工作最主要、最核心的方面。在进入农村开展工作的过程中，我们关注的第一要点是农村的生产或者说农村的经济。我们知道经济决定了人的行为，所以农村经济发展起来才能使乡村振兴，农村能够真正发展起来，农民生活才能够真正富裕起来，所以它是一个基石。

生态也是解决现在城市虹吸效应的关键。现在有很多城市的人喜欢到农村去，主要有两个方面原因，第一是农村比较美，我们见惯了城市的高楼大厦，到了农村可以接触更多的纯天然的东西。第二是农村有很多农作物和原生态的农产品，而这些都会吸引城市人改变生活状态去休闲娱乐。换一个角度来讲，如果能够让城市的人回来，回到农村开展相关的工作，或者吸引更多的城市年轻人对发展农村产生兴趣，这个就是我们要思考的一个关键点。

进入农村探索时第一个要点是如何在生产、产业方面给予他们更多的关注，而不仅限于弱势群体关怀方面。促进产业兴旺，人才是关键，怎样通过产业吸引人才进入农村，再去开展相关的服务，是我们要考虑的方面。

第二个要点是实现城乡公共服务的均等化。目前农业农村资金投入是比较少的，不是政府不重视农业，而是资金投入之后，无法形成合力。很多的农民都是分散种植，分散销售，农业农村的资金投入之后，它起到的效果不大。很多农业生产需要大量的资金投入，比如说希望提高收成，那就需要大量化肥、需要建大棚、需要新的有机肥改造土壤等，这些全部都需要资金，但这些资金背后谁来投资，是个根本性问题。

第三个要点是绿色发展。农民关注增收，对环境的保护相对来说就没有那么重视，这需要提升农民的整体素质。所以我们在开展探索尝试的过程中，提出了生产、生计、生活、生态四个方面的介入。

如果说生产是属于农民或者相关部门的任务，那么社会组织或者社工在进入农村的时候，到底应不应该关注生产？又或者说我们应该怎么样关注生产，这个就是我们关心的其中一个问题。很多人认为社工主要负责服务，生产是农民自己的事情，我只需要给他打气就行了。其实不然，我们要理解清楚，我们现在讲的生产跟传统意义上的生产有很大的区别，实际上生产是一个行为，农产品的二次加工和包装等，方方面面跟生产有很大的关系。

我们对生产的理解就是生产单位，这些生产单位它可以是个人、可以是家庭。实际上现在农村主要的生产单位首先就是个人和家庭；其次就是现在讲的类似经济联社、合作社之类的组织；最后就是其中的公司。怎么样通过生产去建立他们的关系，我们的服务能够把他们连接起来，让这种生产的行为更加顺畅，让物资可以更丰富，这个是我们要考虑的一个点。

另外就是土地，土地的利用空间及土壤的改良，这也是一个关键点。我国现在的农业跟西方的一些国家比较，最大的一个问题是我们现在缺乏现代化的种植技术，缺乏大片的可耕种的土地，或者说缺乏规划种植的方式，这些都是我们现在的短板，所以对于土地的利用，它可以发挥什么作用，这个也是我们需要考虑的一个方向。

农村现在的策略是“一村一品”，就是说一个村它至少有一个农产品，特色农产品成为他们的品牌，在众多的农产品里选择一个精品做品牌的话，这个品牌一定是具备相当的特色，或者需要有专人去设计、去包装、去推广。那么在这个过程里面，我们又能扮演一个什么样的角色，这个也是我们在思考的一个点。

所以我们现在在生产方面做了大量的工作，比如说 2021 年我们开展了春耕节活动，吸引了很多农村当地和城市的亲子参与体验。我们跟广州市科学技术协会合作展示的无人机喷洒，以及其他相关的无人机监测等内容，让农民在视角方面或者说在认识方面有了一个新的突破。开展气象培训以及有机肥料派送服务，看上去只是简单的服务，但实际上我们在推广新型的、能够优化农产品或者优化土地改良的设施，通过服务与农民建立更好的关系。所以在生产方面，首先我们要确保生产单位从个体到各类主体合作的转变，从个体的生产到合作生产方面的转变。其次就是资源的开发，除了生产之外，它还可以开发其他方面的用途。

对于生计来说，我们其实有很多的选择，包括助农公益的采购、帮农民处理滞销的农产品、公益订单、农旅、农产品推广、直播带货等，这些都跟生计有关。很多农产品其实是有附加值的，比如很多人喜欢去观赏油菜花和摘草莓，它既有观赏价值又有体验价值。水稻要收成了，去收割水稻，或者设计花田等景观，这些都是涉及生计方面，看上去是生态，实际上是生计，也涉及生活。

站在农民的角度去考虑他们的发展，我们才能在真正意义上跟农民站在同一条阵线，跟他们形成一个主体以促进农村的发展和乡村的振兴。

对于公益组织来说，其实我们的介入也是方方面面的，不是说简单搞个直播，搞个关怀这么简单，而是从他的生计方面入手，真正解决他们的实际问题。我们做社区地图，希望能够通过走访记录农村各个角落和特色，用我们的眼光，用城市人的眼光或者用第三方的眼光去观赏农村，去帮它寻找特色。

其实很多时候旁观者清，当局者迷，很多近在身边的东西，我们觉得很平常，是因为我们缺少一双发现的眼睛，应通过第三方的介入带动更多的人进来，通过发现农村的美去进行城乡的融合跟交流，达到城乡共融的目的。其实农村的确有很多东西值得我们去发掘，包括农耕体验、科普知识、农村的古建筑集群、农家的趣事以及自然景观等。我们现在推进的“粤菜师傅”项目，我觉得就是一个比较好的做法，它既能激发农民的学习动力，也能够帮助农产品做二次加工，还能帮他们树立品牌。

我们知道民以食为天，对于城市人来说，“吃”是一个很重要的主题，而农村最有吸引力的其实就在“吃”上面。所以我们怎么样去构建我们的服务，这个是值得思考的。我们希望能够通过生产增加社区的资产，融合社区的需要到最后能够真正意义上帮助农民增产增收，这些都是我们的探索。所以搭建平台、链接资源去处理好各类关系，回应农民对生计的需求，这些都是很重要的问题。

提供生活服务是我们公益组织或者说社工最擅长的，在农村提供的生活服务主要涉及两个问题，第一个是兜底，在农村真正兜底的话是兜不住的，因为它需要大量的经济资源，我们也需要求助，需要带动大量的城市力量，到农村去帮助那些需要兜底的对象。第二个其实就是城乡均等化，其实在农村，特别是广州的农村，它真正需要的不是兜底服务，而是城乡均等化服务。比如很多妇女需要有日常兴趣的活动，很多小伙子、小朋友需要文化体育类的活动，能够提升农村的生活质量，我们从方方面面帮助他们去做类似的东西。我们把白云区农村的青少年带去体验做飞行师的乐趣，看得我都挺羡慕的，每个小朋友穿着机长服都挺帅气的，其中还有一个残疾的小朋友拄着拐杖，但是他特别认真，让我特别感动。其实农村的需要很简单，我们能够满足最基本的需要，他们就会很感激，他们也希望能够改善生活，能够跟上城市生活，这更能促进乡村发展。

生态环境最主要的一个问题是如何提升村民保护生态环境的意识。我们想给大家提供共同建设农村的体验，所以跟村委协调了一些公共的空间，发动当地的村民和小朋友去构建相关的内容，让他们增强在农村的归属感，同时也为做环境教育提供基础。当他们通过参与，感受到一个地方变得更加漂亮之后，就不忍心去破坏了。这个就是我们想表达的一个最主要的观点。我们找了几家银行，共同建设“初心田园”，我们建设了一个一米花园，将一个烂地建设为一个大家都喜欢的花园，包括轮胎的绘制，通过组织大家一起来建设公共花园，让大家对这个地方的归属感增强了、让村庄更加美丽了，我们也可以利用这个空间做更多的交流。我们自己是无法完成所有事情的，在开展服务的过程中，都是不断在跟别人合作，引入各种资源，最后才能够真正意义上建设出美丽的花园。这里面其实需要很多的园林设计的专业人士介入，需要很多的资金，也需要很多当地人士的介入。建设完之后，大家都很喜欢，希望能够在这里进行更多的体验活动。往后我们可以利用公共空间做交流、研学或者生态方面的教育，来共同促进当地村民的生活得到改善。所以生态方面的总结就是我们会做基地和教育课程，涉及再生资源的回收等。

我们对项目的希望，首先，就是结合整体规划，农村社区是需要规划和设计的，那么这种规划设计怎么样才能够真正意义上契合农村的需要，让当地的村民支持，社会组织能够发挥作用，是一个比较重要的课题。其次，我们会关注不同农业经营主体之间的关系，因为只有农业生计得到保障，我们做的东西才有一个长远发展的保障，以及一个稳定的目标。再次，就是城乡融合，我们必须要有融合流通、互补所需，在乡村振兴的过程中，城市的作用同样重要。最后，就是整合资源平台，因为无论你有多少资源，到最后也需要平台的介入，我们整合资源平台的角色是比较重要的。

品牌赋能：农产品流通助力乡村振兴

——以广州市供销社农产品公司为例

广州市供销社农产品经营有限公司副总经理　徐晗

精彩观点

1. 通过自有品牌的打造进行深加工，增加它的附加值，同时用小鲜驿站为产品赋能。
2. 农产品经营领域面临的困境主要有六个方面：远离市场、流通成本高、大部分农产品的附加值低、品牌认知度低、销售渠道有限以及缺乏有效的安全体系。
3. 针对困难和难题，广州市供销社农产品公司提出了六大对策，主要是对接全国的供销社和重点帮扶地区的货源、搭建自有的物流体系、跟生产端一起合作开发新加工产品、打造自有品牌联合推广特色产业和特色产品、广泛开拓销售渠道以及建立农产品检测和溯源体系。

农产品公司是广州市供销社这样的一个合作型集体经济组织下属的企业，一方面它遵循市场规律进行运营，但又有非常强的社会属性，追求利润并不是它唯一的目标，它的定位是连接和服务城乡人民的一个新型的流通体系，它的商业模式主要是通过连锁经营、团购配送和电商平台三方面的业务为农民和城乡居民服务，同时也承担着一定的政府赋予的平稳物价、保供稳价等方面的功能。我们的经营理念是新鲜、优质和安全，这也是我们公司一直关注的事情，我们非常希望能够把最新鲜的食材奉献给消费者，同时也希望我们的农产品是优质和安全的。用户群体包括了两个层面，一是生产端，即农户和合作社；二是消费端，包括了城市的居民和集团单位，这四个群体都会得到相应的服务，也就是我们说的一头连着农村，一头连着城市，是一个流通型的企业。同时我们公司现在也是广州市的农业龙头企业，取得了诚信经营企业、有机农产品和ISO9000认证等相关的资质。

目前农产品经营领域面临的困境主要有以下六个方面：

一是产地远离市场。现在城镇化发展非常快，集中从事农业生产，或者说生产了大部分农产品的地方，特别是拥有不少特色农产品的偏远地区，距离城市消费市场都有一定距离，即产地和市场距离比较远。

二是流通成本高。农产品特别是在生鲜领域里的产品，容易腐烂变质，很多生鲜农产品需要全程冷链的物流体系，流通过程对运输的条件要求比较高，所以也形成了它的流通成本比较高这样一个情况。

三是大部分农产品的附加值比较低，利润也非常低，可能只有几个点的毛利。

四是品牌认知度低。目前很多的农产品其实并没有自己的品牌，我们也知道现在很多地方在推“一村一品”“一镇一业”，包括地理标志产品，但是在这个过程当中其实仍然缺乏一些有效的品牌推广。可能我们知道在广州有增城丝苗米，但是具体到哪个品牌生产商生产的增城丝苗米会比较优质，增城丝苗米有怎样的特点和标准，其实大部分人并没有概念。这就说明品牌的认知度比较低。

五是销售渠道有限。虽然我们现在看到助农销售平台比较多，但是其实农产品的销售渠道是比较有限的，主要还是通过一些大的中间批发商，还有一些少量的网上助农平台来实现产品销售，仍然是比较有限和单一的。

六是缺乏有效的安全体系。农产品从哪里来的，在流通的过程中，经过了哪些环节，是不是真的是安全可靠的产品，很多时候我们没有办法通过一些有效的途径来获取这些信息。

以上六个方面是我们现在认为在农产品经营领域面临的六个难题，也可以说是农产品流通行业里面的一些痛点。针对困难和难题，我们广州市供销社农产品公司也提出六个方面的对策。

第一，我们会对接全国的供销社和重点帮扶地区的货源，来解决产地和市场距离比较远的问题。在我们的门店里面会设有一些销售专区，包括消费帮扶专区、供销社产品专区等。这些专区能够直接让我们把消费帮扶地区，还有全国各地供销社的一些优质产品直接对接到市场和消费端，减少了中间商，直接把产销对接起来，实现了中间环节的压缩以及成本的减少。我们也会去很多农产品的产地做直接收购的帮扶工作。除了重点地区的消费帮扶对接以外，公司还会关注广州地区乃至广东地区一些滞销农产品的对接，通过直接采购，对接到消费端，解决产地离市场比较远的问题，减少中间环节。

第二，搭建自有的物流体系。我们有一个超过 1 万立方米的冷库，方便我们存放生鲜类的农产品。广东供销社正在打造从田间地头到消费市场的一整套冷链流通体系，解决最初一公里和最后一公里的问题。农产品公司也有自己的冷链车队，通过冷链配送来保证农产品的新鲜，也保证配送的及时性。

第三，我们会跟生产端一起合作开发新产品。其中有三个很具代表性的产品：贵州山区的新鲜鸡蛋、中国长寿之乡梅州的天然矿泉水、与广东省丝苗米产业园一起合作开发的小鲜驿站丝苗米和稻香米等产品。这些都是通过和产地、生产方深入合作共同开发的产品。

第四，我们会打造自有品牌，联合推广特色产业和特色产品。现在小鲜驿站有一系列的自有品牌产品，包括百香果汁、沙琪玛，还有食用油系列，包括花生油、植物调和油及芝麻油。

这些产品与消费帮扶工作是紧密结合的，例如百香果汁都是梅州出产的，一方面是能够提高消费帮扶地的农产品的附加值；另一方面，梅州是富硒的水土，孕育出来的百香果质量非常好，富含维生素 C、氨基酸和硒微量元素，所以这是一个非常有特点的健康产品。一开始在考虑梅州帮扶工作的时候，大家就说这里的百香果非常好，但是如果单纯卖百香果的话，其附加值非常低，运输保存也存在一些困难。像沙琪玛用的鸡蛋也是帮扶地区出产的鸡蛋——桂柳蛋。小鲜驿站的食用油系列，采用的花生、芝麻等原料，也是从帮扶地区采购的。这些产品都是消费帮扶过程中形成的重要产品，我们把它当成广州市供销社小鲜驿站重要的拳头产品推广。我们通过对自有品牌的打造并且进行深加工，增加它的附加值，同时用小鲜驿站品牌为产品赋能。

第五，广泛开拓销售渠道。传统的销售渠道包括了小鲜驿站这样一个连锁的门店和团购配送的业务，目前在广州与300多家企事业单位、集团单位建立了比较稳定的合作关系，每年团购配送量非常大。在团购配送的过程中，把消费帮扶的产品、自有品牌产品及供销社的产品一并推广，取得了非常好的合作效果。我们还有一个线上商城，线上商城包括冷链自提柜和送货上门两种渠道。其中冷链自提柜投放到一些工作场所，方便大家在上班的时候通过小程序下单，在下班之前我们会根据订单情况把农产品或者生鲜产品配送到自提柜，而且因为它是冷链的，像小冰箱一样，也不用担心夏天菜肉会放坏，到了下班的时候，大家就可以凭借着小程序上面的提货码或者二维码，去自提柜提取已经配送好的产品。除了自提柜以外，还有上门配送，通过线上商城下单，直接配送上门。除了日常经营外，在应急保供方面，线上平台也发挥了非常大的作用，2021年五六月，广州发生新冠肺炎疫情的时候，在封闭管理区域，我们通过线上商城为5.8万封闭管理区的居民提供了生活物资保障。

除了这三个比较传统的销售渠道以外，我们通过其他渠道进行了宣传和推广，包括在广州地铁投放广告，小鲜驿站销售线上平台、二维码以及广州的新闻联播。消费者搭地铁的时候只需要扫二维码就可以下单，到家的时候产品也同步到家。我们也参加各类展会和社区推广活动，在线下推广销售消费帮扶产品和自有品牌产品，也达到了非常好的效果，因为在地推的过程中，能够让消费者和居民更加真切地感受到农产品的质量。我们也会通过直播带货等形式推广农产品，开了抖音小店，推广到第三方的扶贫销售平台，做好广东的东西部扶贫馆，以及供销社开发的823农副产品销售平台等线上的平台。

第六，建立农产品的监测和溯源体系。我们有自己的安全检测实验室，有相应的非常齐全的检测设备。采购的每一批农产品，都会第一时间进行检测，确保符合国家的相关要求、无农药残留，是安全达标的产品。经过检测的产品才会派送到门店，或者配送到集团单位的消费者手中。

我们是广东追溯的溯源体系第一批使用者，经过检测或追溯认证以后，每一个独立包装的农产品都会有一个独一无二的二维码，通过用手机扫描二维码，就可以看到生产者对于产品安全的承诺，还可以清晰地看到这个产品是在哪里生产的，它经过了哪些流通的环节，然后从哪个门店销售出去的。我们也希望通过这样的一个监测体系和溯源体系的打造，确保我们的农产品是安全可靠的。

以上就是我们所采取的一些对策，在未来也希望能够有更好的发展，进一步推动品牌形象升级。小鲜驿站这个品牌在广州本地已有一定的认知度，我们也希望小鲜驿站未来能够推向整个珠三角，乃至全国，有更大的品牌影响力。当小鲜驿站这一品牌有了更大的影响力，也意味着我们在联农助农和乡村振兴中能够发挥更大的作用。同时我们希望能够拓展更为广阔的第三方销售渠道，目前除了我们自己的连锁门店、线上平台、第三方的线上平台、一些加油站和小超市以外，我们也希望在未来能够进入更多更大的连锁超市，开拓更为广阔的销售渠道。最后我们希望能够在种、研、产、销等领域综合发展，更好地对接农户，更好地为服务“三农”和振兴乡村做出应有的贡献。

圆桌对话：供销社背景下的社会组织参与乡村振兴服务

圆桌主持人：

广州市恒福社会工作服务社总干事　范洁珊

圆桌嘉宾：

广州市供销合作总社合作指导处处长　刘郁

广州市供销社农产品经营有限公司副总经理　徐晗

广州市白云恒福社会工作服务社总干事　李伯平

广州市花都恒福社会工作服务中心理事长　徐安平

广州市恒福社会工作服务社农村部主管　赵楠

精彩观点

1. 在专业化的公益性服务方面，积极解决农民生活上的问题。在生产服务方面，把我们供销社的资源搭载进去。在农民的生计方面，帮助农民销售农产品，解决了农民的实际问题。在生态方面，在村里开展垃圾分类宣传，与村民一起动手做一些微改造，改善了乡村环境。
2. 社会组织在参与乡村振兴的时候，需要有更加宏观的视野和多元整合的思路。

3. 社会组织或者公益组织不要单打独斗，应该开展更多合作，形成更大合力，通过这种合力去带动乡村的振兴，城乡的共建，最终达到服务乡村的目的。

4. 在人员方面，针对驻点的社工加强督导培训，其次就是多组织他们去参观学习，提升他们的技能。

5. 要相信群众依靠群众，换言之就是相信我们的村民，相信他们会在他们的生活、生产、生态、生计或者是整个村落的发展上，有自己的想法和设想，他们期待联合外部力量共同行动，改变和改善整个村的面貌。

范洁珊：第一个问题想请教我们的刘处，作为供销社背景下的社会服务机构，供销社觉得我们社工发挥了什么样的作用和优势呢？

刘郁：我们供销社是一个老单位，有着悠久的历史和光荣的传统。从 2014 年开始，我们为了适应城市供销社转型的需要，开始在社会服务领域拓展，目前为止已经有 24 个农村的社区服务中心，这一块的工作取得了比较好的成效，也受到了人民群众的欢迎。我们具有供销社背景的这些社工机构有它自身的特点和优势，我想主要表现在以下几个方面：

一个是供销社一直长期扎根在农村，有比较完善的组织和网络的体系优势。像我们广州市目前有 64 个基层社、18 个助农服务中心和助农服务平台，另外再生资源回收网点、日用品销售网点等遍布我们广州市城乡 1000 多个网点，整个网络比较健全，我们更加了解农村，也更加贴近农民的需求。

二是我们在城市这一块2012年开始承接政府项目，我们有10个这样的社工机构，应该说在城市也积累了比较丰富的社会工作服务的经验。

三是供销社是党领导下的合作经济组织。党的十八大以来，习近平总书记对供销社的工作非常重视，多次做出重要的指示、批示。希望供销社能成为党和政府联系群众的桥梁纽带，加快成为服务农民生产生活的综合平台。为了更好地落实总书记的指示要求，把农村的社会服务作为供销社的一项重要工作加以推进。这些年各级供销社从理事会资金中拿出了近4000万元来从事这项工作。另外我们还链接了各方面的资源，推进整个农村的社会服务工作。

这几年在农村发挥的作用，我想我们有别于其他的社会机构，主要有这几个特点：在专业化的公益性服务方面，积极地解决农民生活上的问题。在生产服务方面，把我们供销社的资源搭载进去，比如说创办农民专业合作社，提供农民在生产过程中所需的农资农化服务，解决农产品销售方面的一些困难，我们社工都参与进去了。在农民的生计方面，很多的农村社区服务中心都积极地帮助农民销售农产品，也对接我们供销社的一些资源，解决了农民的实际问题。在生态方面，供销社也有一些工作是与生态相关的，比如说再生资源回收，我们的社工积极地在村里面开展垃圾分类宣传，也与村民一起动手做一些微改造，改善了乡村环境。我们供销社办的社工机构还是有自身特点的，也发挥了比较明显的作用。

范洁珊：谢谢刘处的肯定，不仅从三个方面讲了他们的一些优势，还肯定了社工在生产、生活、生计、生态等各方面的介入。接下来想问一下我们的李伯平先生，您在我们的社工服务方面有很多的经验，您觉得我们的社工在乡村振兴方面发挥了一些什么样的作用？

李伯平：我们是这样看的，我们的社工在参与农村服务的过程中，他们所做的工作跟在城市中提供服务的工作是不一样的。在过往的几年中，我们在白云区做了六七个助农服务站，有专门的社工开展服务，在社工开展服务的过程中，我们发现这些社工与在城市工作不同，他们面对的问题是完全不一样的。因为他们有供销社的背景，他们跟村民、村委、相关组织的关系相对来说是比较密切的，在处理一些关系方面比较顺手。

我们也会更多地去了解助农或者说农业方面的相关政策，我们也有当地的村民考了证书，过来做社工，所以他们对当地需求的了解，对于政策的了解也是非常到位的。

在城乡融合方面我们也有独特的优势，其实这也是一个有趣的现象。我们的农村社区综合服务站，人员配置包括一个在城市社工站工作过的社工，一个当地村民，他们在交流的过程中会有很多思维上的碰撞。比如说关于农村的需要，村民对城市生活的向往或者说对生活方式改变的期盼等，他们都会有很多的探讨。那我们就可以通过了解村民的这种需要，不断地去完善像刚才刘处说的生产、生活、生计、生态这类的服务。另外我们会去尊重当地的文化或者节日，像 2021 年我们在农村开展春耕节活动，找了很多城市的亲子家庭到农村去做交流活动，这样既灌输了很多的希望、希冀到农村，又促进了农村的消费，让他们可以有更多的互动以及满足他们的生活和社会服务的需要。所以我认为，我们的社工在进入农村开展服务的时候，优势还是非常明显的。

在借助供销社、社会组织以及不同性质的力量过程中，我觉得一个突出的优势是能够更好地调动各方面的资源。比如说在城市开展服务的时候，我们主要关注的就是一些弱势群体，那么在农村的时候我们更关注的反而是他们在日常生活、交流或者是文化、生态方面的需要，甚至我们有时候会更多关注经济方面的需要，那么在经济、生活、生计方面我们会有更多的结合，这个跟在城市有比较大不同，因为我们在城市很多时候并不关注经济，只关注心理辅导、精神慰藉、心灵关怀等方面。

最后一个优势就是我们可以更持续更长久地为农村提供服务。刚才也说了，其实我们有一部分社工来自于城市，另外一部分就是本土的村民。那么本土村民在服务当地的时候，其实他是更有优势的，也可以更持久。有了供销社的支持，我相信我们的社工在接下来乡村振兴的过程中能够极大地发挥优势和作用。

范洁珊：谢谢李伯平先生，讲了很多恒福系社工的优势，我们可以发挥更多的优势和作用，让我们更有信心走进乡村。刚好在我旁边的是一位年轻的帅哥，他叫赵楠，人称楠叔，为什么这么年轻会叫楠叔呢？可能要回顾一下他在新围村打造第一家村级服务中心的一些感受，您可以跟我们讲一下您的故事。

赵楠：作为第一个进村的社工，经历过很多印象深刻的事情。第一个就是我们入村的时候要用多元的方法动态地去了解村民的需求。跟城市站点其实不太一样，农村社区是一个生活和生产一体化的社区，它跟城市只注重生活这个层面是不太一样的。走进农村的时候，如何第一时间去跟村民建立关系，就会有一些比较地道的方法，比如说广场舞、“蹭饭”，以及田间地头的访谈，等等，这些方法对应回社工专业，就是进行一些焦点访谈，深度访谈等，它是一个非常战略化的方法。有利于我们更快速地同村民建立关系，深入了解他们的内在需求和想法。

第二个印象深刻的事，就是要相信群众，依靠群众。换言之就是相信我们的村民，相信他们会在自己的生活、生产、生态、生计甚至是整个村落的发展上，会有自己的一些想法和设想，他会期待联合外部力量共同行动，改变和改善整个村的面貌。

以上我觉得是比较深刻的几个点，当然有些还没有讲到，欢迎大家来我们新围实地访谈，可以做一些深入的交流。

范洁珊：谢谢楠叔，驻村服务会有很多的故事和感受。据我了解，在我们供销社系统下面的几个村级服务点里面，花都区也是挺有特点的，面对这些资源，我们花都区是怎么去做的，有什么感想和想法可以跟我们分享一下吗？

徐安平：我针对花都的一些做法以及我个人的感受分享一下。

第一，作为供销社为农服务和振兴乡村的重要抓手，我们必须要紧跟供销社的步伐，要落实贯彻好供销社的指示精神。

第二，作为社会组织，我们必须清楚农民需要怎样的社会组织，这就要求我们必须要融入到他们的生产、生活当中去，发掘他们深层次的需求。

第三，我们必须要重视文化建设，以及用好熟人社会资源，像广塘村这种典型的城中村，它的祠堂文化以及制衣文化氛围是比较浓厚的。我们会针对这一点，在文化振兴上，有偏重地去做好服务。那么对于瑞岭村，它是以盆景种植为特色，国泰村是农产品种植、水果资源比较丰富，我们会在产业振兴上重点做工作。

第四，我觉花都做得比较好的是供销系统内部联动比较紧密，我们对接基层社、社有企业、再生资源公司、垃圾分类公司以及农产品销售公司等，为农民做好相关的服务。

范洁珊：谢谢徐总的分享，社工在介入乡村振兴方面，确实有多种的方式去做到文化振兴、产业振兴，如何利用在地资源、整合资源就很重要。我们今天在场的嘉宾，除了有社工行业的以外，还有农产品公司的，我也想问一下晗哥，您觉得社会组织还可以用些什么样的方法来参与助农服务？

徐晗：这一块我对社会组织有几个建议：

第一个建议是在进村提供服务的时候，最好是能够放低姿态，放低姿态这里其实有几个好处，一是可以更快地和村民、服务对象建立更加密切的关系。二是我们可以更加清晰地了解农村的实际服务需求。如果总是高高在上，不接地气的话，很多实际情况其实没有办法全面了解到。三是通过这样的关系建立，能够更好地把握需求，后边的服务也会更加有针对性。

第二个建议是我们的嘉宾刚才也曾分享到，农村是一个生产和生活结合在一起的社区形态，在这个过程当中，没有办法把生活跟生产完成分开来，所以一定会从生产和生活两个方面一起去着手解决社区的一些问题。我觉得农民专业合作社，作为一个合作型经济组织，可以成为一个非常重要的枢纽，在为农村提供服务过程当中，在农民专业合作社方面可以多一些思考，例如如何更好地发挥农民专业合作社这样的合作型经济组织的作用，它的经济属性和社会属性可以怎样推动和助力乡村振兴，都值得我们去探讨。

第三个建议是我觉得社会组织在参与乡村振兴的时候，需要有更加宏观的视野和多元整合的思路。现在乡村振兴已经成为党和国家非常重要的战略，也是当下非常重要的一项工作。很多企事业单位，响应党和国家的号召，非常关注乡村振兴工作，也有大量的资源投入。所以对于社会组织来说，投入乡村振兴的工作领域，如何调动更多的资源，如何联动多方的力量更好地为农村带来改变，为农民提供更加实质性的服务，包括推动农村产业发展，等等，其实需要有更加宏观的视野和多元的思路。

作为供销社的体系，我觉得有以下优势。一是供销社一直都是扎根在农村的一个体系，我们经常开玩笑说我们是“土土”供销人，但这个“土土”供销人，往往能够更加紧密地去和农民建立这种联系。也就是说，我们和农民是血脉相连的关系。刚才也讲到生产和生活方面，我们供销社都有参与，就好像我自己所在的农产品公司，在农产品流通，农产品产出之后的销售环节，也可以做出很大贡献。我们的社会组织也都可以有更多的联系和对接，乡村振兴是需要大家形成合力，共同去推动的一个事情。我觉得社会组织可以持更加开放的态度，大家一起来做好这项工作。

范洁珊：谢谢晗哥的分享，真的，我们需持更加开放的态度，采取更多的服务方式参与乡村振兴。在场其他嘉宾还有什么建议可以给到我们在座的观众朋友们呢？

李伯平：我想主要是两个方面，第一个就是在进入乡村去提供服务之前，我们要明白，就像刚才徐总说的，现在讲的乡村振兴它不是提供一个服务这么简单，提供的服务或者说生活服务，跟当地的经济、规划是有很大关系的，所以我们不能说只是片面地在某一个点去为农村做服务。我们需要有更多的规划设计，去讲更多的故事，这样才能够打动更多的人，乡村才能真的振兴起来，又或者说我们提供的服务才能真正行之有效。

第二个我们需要更多的合作，不只是公益力量，还可以和经济组织、合作社、龙头企业、信用单位，或者是基金、财务、财政等企业合作。就像我们现在在农村服务站推出的“1+N”平台，也是希望通过打造平台，让更多的资源进来，大家一起合作、商讨如何将这个地方建设得更加美丽、让城乡交流更加顺畅，让农村更好地发展起来，让我们的乡村更加美丽，更加振兴。其实它需要多方的资源进入，所以我希望社会组织或者是公益组织不要单打独斗，而是应该开展更多的合作，形成更大合力，通过这种合力去带动乡村的振兴，城乡的共建，最终才能真正达到服务乡村的目的，这个是我想表达的两个观点。

范洁珊：谢谢李伯平先生，平台搭建起来的话，合作真的很重要。今天也收到了一些观众的提问，我们就拿两个问题问一下我们现场的嘉宾。第一个问题提问楠叔，因为刚才在分享的时候就谈到了“少年耕游记”服务品牌，想了解这个服务是怎样助农的。

赵楠：“少年耕游记”是广州市恒福社会工作服务社独立申报的一个品牌，其主要聚焦城乡互动体验、农耕体验和亲子教育等方面，为城市的亲子家庭提供基于农村真实生活情境的乡村体验游服务。

在项目的执行过程中，“少年耕游记”这一品牌发挥重要的资源虹吸效应。一方面，我们依托品牌能够更好地动员当地资源，将村落中分散的农业资源、农业体验活动和项目，整合成一个有完整服务体系的项目，使资源更丰富、体验内容更完善；同时，我们利用这个品牌去做宣传传播时，能够让城市居民、我们的受众更加清晰地了解服务的内容、价值和意识，很多参加活动的城市居民在活动结束后，会帮我们转发活动信息，这也形成了二次传播，扩大了我们的宣传效果。

另一方面，当城市居民受“少年耕游记”品牌感召而进入到村落中享受我们的服务时，则为当地农户提供了工作岗位。在体验游服务中，我们主要依托培训后的农户去为城市居民提供服务，农户是服务的主体；在这个服务的过程中，农户可以获得相应的岗位补贴和能力培训，生活也有所改善。

最后，就是当城市居民进入农村后，自然会带来一些流量和消费，我们利用这些流量去协助当地的贫困户售卖自家的农产品，比如花生油、花生、水稻、大米、番薯、菜干等，为其带来直观的经济收入，也能在一定程度上增强他们对生活的信心。这个规模可能比较小，但依然是一个资源入口，只要体验游服务持续开展，就可以积少成多，形成一个比较可观的力量。

范洁珊：谢谢楠叔。我们有观众想提问花都恒福的徐总，在乡村振兴服务过程中有什么困难，以及你们是怎样去应对的。

徐安平：我大概谈两点，第一是可持续性的问题，因为我们项目经费主要是资助，包括区供销社也会从理事会资金里面划拨一部分经费去做这个事情。但是财政资金可能会出现今年有明年没有这样的情况，这对于我们开展服务是比较不利的。

我们的应对主要有两方面：一是，开展一些经营性的服务，根据各个点的特色去开展服务；二是，跟我们的直属公司以及我们的基层社沟通协商，让他们也投入一些经费。

第二个大的问题，我觉得是在人员方面，可能我们几个点的位置比较偏远，交通不是很便利，想要招聘一些高素质的人才会有一定的困难。应对措施主要是针对驻点的社工加强督导培训，多组织他们去参观学习，提升他们的技能。

范洁珊：谢谢徐总，在服务过程中困难与机遇从来都是并存的，挑战也是经常会有的，也想请在座的各位嘉宾给我们的观众朋友们加油打打气，让我们可以一起更好地做好乡村振兴工作，现在请每个嘉宾都给我们的观众讲一两句加油打气的话。

刘郁：我希望想从事社工工作的年轻人，及现在正在从事这项工作的社工，能够着眼“三农”的实际和农民的需求，积极开展多样化的助农服务。也希望我们的机构能够擦亮供销社这块招牌，在乡村振兴中做出供销社的贡献。谢谢！

徐晗：我非常希望有更多的人关注农村，了解农村、服务农村，来到农村和我们一起开创更美好的未来。

李伯平：现在国家政策方面已经逐步往乡村倾斜，乡村需要大量的人员，一可以去欣赏“美”，二可以建设“美”，三也可以把我们的一些幸福感留在乡村，增加城乡互动。只有大家一起参与，才能真正感受得到这种参与的乐趣。也邀请各位一起来参与我们美丽乡村的建设，谢谢！

徐安平：服务“三农”，供销情；专注民生，恒福梦。加油！

赵楠：借用毛主席的一句话：到农村去，到人民群众最需要的地方去。非常欢迎我们的年轻朋友，能够跟我们一起走进乡村，去服务村民。也欢迎大家继续关注我们恒福社工在新围村开展的艺术乡创方面的项目和服务，非常期待年轻朋友能够加入进来，和我们一起共创美好的乡村。谢谢大家！

范洁珊：谢谢大家，我觉得乡村发展这条路一直走下去一起干那就对了！

第五篇

城乡互助模式探讨

习近平总书记指出:“现在，已经到了扎实推动共同富裕的历史阶段”。推动共同富裕是一个全新的时代课题，前人没有干过，世界其他国家也没有尝试过，必须靠我们自己“摸着石头过河”。实现共同富裕，重点在乡村振兴，难点在城乡均衡发展。城乡如何均衡发展？以城带乡，乡村振兴，城乡互助。我们每个人都是城市或乡村中的一员，作为普通人如何在日常生活中参与城乡互动呢？恩派公益携手城乡拉钩公益助农平台邀请了 3 位代表城乡不同视角的嘉宾，探讨他们对于共同富裕和城乡互助互联的想法和期待。

圆桌对话：共同富裕背景下城乡互助模式探讨

主持人

恩派公益总监　李爽

圆桌嘉宾

村里有人创始人　卿有钱

深圳恩派社区 KOL　陆永香

浙江嘉兴新丰嫩姜非遗传承人　朱娟芳

精彩观点

1. 共同富裕的背景其实是城乡鸿沟或者是城乡财富之间的距离，在过去的几十年拉得比较大，我们要想办法让乡村更加富裕。我发现乡村最大的问题就是乡村越来越没有人气，村里有人，乡村复兴才有希望。所以我们要引导那些从农村走出来的人回到家乡去养老，或者把城市里的资源人脉导入家乡，或者为自己家乡的产品，不管是农产品、加工品还是手工品代言，让它们卖出去，卖上更高的价钱。这样他对家乡的共同富裕或家乡的发展就能起到很好的作用。

2. 我们也要去顺应这个社会的发展，短视频和直播是时下最火的，每一个人都在关注并积极地去了解这些信息。如果我们用这种当下最流行的方式去帮助别人或者去做一些这种能够提升别人关注度的事情，我们的效率会更高。
3. 城乡交集让农村资源可以充分利用，有助于乡村发展，可以让城里人走进乡野去体验田园农耕文化，让城市的孩子们也能开阔眼界接触自然，了解在校园里学不到的知识。此外，我觉得城市教育资源对农村输入这一点也很重要，因为很多农民缺乏教育、缺乏知识，这种交集我觉得非常有必要。

李爽：非常感谢3位拨出时间来探讨这个话题。我们其实从2019年开始就已经脱贫了，开始迈向乡村振兴与共同富裕的新阶段。感觉这个话题好像离咱们普通老百姓有点远，其实这是我们日常生活里一定都会涉及的一个事情，因为共同富裕的“共同”肯定就是咱们嘛！对于各位来说，什么是共同富裕？和咱们有什么关系吗？

卿有钱：我觉得共同富裕，首先是相对贫困的另一个概念；其次是财富的分配方式。生活有余，就是在满足最基本的生活以外，还有些富余，能够进行更高的消费；最后我认为它是要保障意外，就是任何人都可能遇到意外，这就需要通过社会机制来保障。这是我理解的最基本的共同富裕概念。至于共同富裕和我们有什么关系，我觉得与每一个中国人都有关系，不论我是否为一个有能力的人，都要积极地创造财富，在我的能力之余帮助别人也能够获得更多的收入，改善自己的生活，甚至我可以推动这个机制的创立，让这个社会更加的公平有效。

朱娟芳：我们日常生活里离不开城乡互助，在城市里吃的蔬菜瓜果，都是村里人种的。农村的发展也需要越来越多的城市人为优质的农产品买单。随着乡村振兴号角的吹响，越来越多的年轻人成了职业农民，比如做家庭农场、农业专业合作社、农业产业园和观光农业休闲农业、农耕体验等，慢慢乡村旅游业出现了，为城乡互联打通了便捷的通道，越来越多的城里人能吃到更新鲜健康的食品，也能让更多的城里人走出城市的喧嚣，享受清新优雅的田园生活。城乡的这种交集让农村资源可以充分利用，有助于乡村发展，可以让城里人走进乡野体验田园农耕文化，让城市的孩子们也能开阔眼界接触自然，了解在校园里学不到的知识。此外，我觉得城市教育资源对农村输入这一点也很重要，因为很多农民缺乏教育、缺乏知识，这种交集我觉得非常有必要。

李爽：朱姐刚才跟咱们稍微分享了一下这个“共同”到底是什么样的一个状态。咱们不是单指城市的这种富裕，也不是单指乡村的这种富裕，而是无论在哪一端咱们都会有很多需要协同和互相支持、共同探索的一些内容。接下来咱们听听陆永香有什么不一样的想法。

陆永香：我觉得对我来说最大的感受就是缩小贫富差距，用大白话说其实就是提高低收入人群的经济收入。目前低收入的人群可能有几类：第一类是社会上的特殊群体，可能他们身体残疾或精神残疾，他们的经济收入在短时间内是很难改变的。对于这部分人群需要一些社会政策去保障他们的生活。第二类人可能因成长或生活环境的限制造成他们无法获得良好的教育，致使学历偏低，能力不足，这就涉及刚刚朱老师说到的教育问题。这类人的身体和精神都是健康的，他们有机会通过努力去拥有或提升技能，以换取收入的增加和生活的改善。对于这部分人，我觉得跟我们是极度相关的，可以在政策上推动他们提升生活、工作技能，改善生活状态，实现美好的生活，这是我的想法。

李爽：谢谢 3 位伙伴。大家其实从不同的角度分享了自己对于共同富裕的看法，卿老师的话是从相对比较宏观层面给我们分享了什么是共同富裕，永香和朱姐分别从地域概念上、从不同人群概念上让我们看到了“共同”到底是指什么样的一些群体，咱们可以从哪些维度努力实现共同富裕。我们会发现任何单方面的努力都不能解决这个问题，一定需要很多的互动。

李爽：我蛮好奇 3 位老师是基于什么样的原因加入到了咱们的这一个话题中来，在这个话题里有什么经验和故事呢?

卿有钱：在 2008 年“512”汶川地震发生之后，我回到自己的家乡参与救灾。这是我第一次想到城乡互助，当时我的时间比较自由，另外我是四川本地人。我做了一个状态对比：在我的同乡、同村的人中如果他们没有读过大学，会去打工或者做买卖。如果取得成功的话，他很快会带动邻居、亲友一起做事情，帮助他们改善生活。而我们这种读过大学特别是读过好大学的人，我们的圈子就跟家乡人严重脱节。我突然发现毕业那么多年我没有为我的本村人、为我的亲戚朋友做点什么，所以这是我当时回去四川救灾的一个原因。这件事做完之后，我发现在灾区建设图书室的模型不单单适合灾区，也适合别的贫困地区，所以我就在各地寻找在地合作伙伴，给他们赋能，由他们去寻找合适的学校为学校赋能。经过差不多四年的时间，我们在全国各地差不多200所学校建设了图书室，得到了心和基金会的支持。后来我就创办了“村里有人”这个平台，让城市里想要花钱买放心农产品的人可以直接联系农民。当时我们的设想是让那些在城市里的农村二代即“农二代”，为自己父母亲友种植的农产品代言。因为几年前农民还不太了解电商，但是在城里的“农二代”就比较了解，所以这就是我们最初的逻辑。我们也在不断升级我们的服务模型，不只是在农产品方面，也希望是以乡村精神共同体为纽带让这些从农村出来的人能够继续为家乡的发展、为父母亲友的身心健康服务。在农村端有社群，在城市端有在外子弟的社群，这两个社群之间能够产生一种联动。我现在认为共同富裕的背景其实是城乡鸿沟或者是城乡财富之间的距离，在过去的几十年拉得比较大，我们要想办法让乡村变得更加富裕。我发现乡村最大的问题就是乡村越来越没有人气，村里有人，乡村复兴才有希望。所以我们要引导那些从农村走出来的人回到家乡去养老，或者把城市里的资源人脉导入家乡，或者为自己家乡的产品，不管是农产品、加工品还是手工品代言，让它们卖出去，卖上更高的价钱。这样他对家乡的共同富裕或家乡的发展就能起到很好的推动作用。从小在农村长大的人对家乡那份情感是天然的，我们怎样把这份情感跟他的家乡联系起来，这是我们要去探索的一个问题。不仅是能人回家乡投资，一个在城市里稍微有些资源的人或者是有那份情感的人都可以做一些力所能及的事情，哪怕买自己家乡的产品或者介绍相关的人来支持家乡都是可以的。

李爽：非常感谢卿老师分享自己的个人经历，这段分享给我印象特别深刻的是咱们得有这种乡村精神，这是一种不太一样的情感或者价值取向。我之前一直认为“村里有人”是指我们生活在城市里的人在村里有亲戚，能够吃到好东西，看来我的理解还是肤浅了，这里还有更深层次的含义，指咱们的乡村振兴必须有人在乡村里，有人愿意回乡村，有人愿意扎根乡村，有人愿意和乡村互动。有人，咱们的乡村才有可能振兴，才有可能实现共同富裕！稍后我们还希望听到卿老师在城乡互助探讨方面分享更多的经验。永香这边有哪些城乡互动方面的经验可以分享？怎么会对这个话题比较感兴趣呢？

陆永香：卿老师的这一段分享真的触动到我了，我其实是一个正宗的“农二代”，在农村长大，我一直生活在农村直到我上大学才走出农村。在整个成长环境中，我都是在那种特别偏远的山村长大的，后来考上大学来到了这个城市后，其实我特别特别怀念家里爸爸妈妈自己种的那些东西，在城市里面有很多东西其实是吃不到的。所以每次回老家特别舍不得离开，就想多待一些时间，每逢回家胖三斤，比在深圳吃得多很多。最开始的时候就是怀念、想念小时候的那种味道和感觉，然后从 2020 年开始发现身边朋友在做城乡互联的事情，我印象最深刻的是 2020 年接触到一个做直播的朋友，他联动了在深圳的很多年轻的女性，通过直播的方式销售村里因疫情滞销的水果。当时组织了 50 位城市里喜欢做直播的人去江西卖当地的柑橘。短短几天时间就把当地的柑橘销售出去了，避免了损失。这件事情让我感触深刻，2021 年 9 月我组织了 10 来位深圳的妈妈，在“城乡拉钩”项目支持下，去绿博会参加公益助农直播。我们用一个礼拜时间教她们做直播，教她们录制短视频。很多妈妈都是第一次体验直播，还提前练习了诗歌朗诵等才艺在直播时展示。因为大部分是全职妈妈，她们的生活圈子相对是窄的，我分享了公益助农直播后她们还是很感兴趣的，于是开始学习开通视频号和微信小商店，上架“城乡拉钩”项目的农产品，开播推广农产品。这件事情我就特别感动，很多的妈妈说之前她们从来没有上过舞台自信地展示自己，也没有做过直播还卖出了农产品。这种帮助乡村端卖水果的爱心行动触动了我的内心，那种价值感让我更加坚定地去做一些事情，特别想去帮助圈子相对较窄、目前能力有限，但是有意愿和想法去改变自己的这类伙伴。

李爽：谢谢永香！在卿老师前面的分享中说咱们的乡村可能相对来说比较落后一点点或者说更需要帮助，我觉得永香的分享提供给我们另外一个视角，在城市端有这么一群人，他们可能物质生活相对充盈一点，但他们的社交圈小，娱乐活动或者他们参与公益的机会相对比较少。我们平时也会刷视频，并理所当然地认为全民已进入视频时代，全民都在开直播。这种感觉其实是虚幻的，还有许多人并不了解短视频或直播这种低门槛和外部世界建立更多连接的方式。永香通过她“农二代”的成长经历和自己在城市里生活的经历分享了她的城乡互动的经验。朱姐应该是一直在农村生活吧，不知道您做泡姜或者说和基金会等公益组织伙伴建立更多的互动，对您的生活有什么改变吗？

朱娟芳：卿老师和陆老师文化程度比较高，考虑得比较深远。

我是一个土生土长的农民，也一直生活在家乡没有离开过。比较深远的事情，我可能没办法去做，我就从身边够得着、办得到的事情做起。2008 年开通了我的淘宝网店，一做就是十几年，虽然做得不怎么样，但也积累了一些资源，我开始去帮助身边的低收入人群。2020 年帮助我们这边的聋哑女做手工大头菜，然后通过我自己的微信朋友圈卖掉这些手工食品，还帮助村里一些老人卖他们自己养的土鸡。我自己办了一个生姜作坊，请村里的老人制作泡姜，增加收入并改善他们的生活。以微光照亮微光，我也在积极行动着，同时我也在积极地寻找面向农村服务的公益组织，比如北京农家女发展中心和绿芽基金会等以求得更多的机遇，更大的赋能。他们让我们参加培训，申请公益项目，回到家乡组织公益活动。这次我参与第二届“农家女金种子”活动，被赋予了更多的能量，为家乡人民办实事。今年通过绿芽的介绍加入恩派公益“城乡拉钩”项目，学会开通微信小商店上架销售产品，并教会身边 20 多位新农人开通小商店，然后他们跟着我一起学习电商知识，开完店把他们自己的农产品通过网络销售出去。这些都是我在做的，和我身边的人在参与的事情。

李爽：好的，非常感谢朱姐分享。朱姐的这个分享让我们清晰地看到了一个乡村带头人的形象，朱姐的力量也是非常大的。在刚才的分享里，卿老师提到说让咱们在外的“农二代”为乡村做宣传，永香提到让全职妈妈学习直播去做助农公益活动，朱姐这边也提到了有很多基金会等公益组织支持咱们的伙伴去做一些发展，那么我想请教一下 3 位，在你们所有的经历中或者听到的一些城乡互助故事中，有没有特别精彩或特别棒的模式可以和大家继续分享呢?

卿有钱：过去这些年里，有一种案例我认为是非常精彩的。我们在上海或别的城市，都能看到许多不同品牌的包子铺，这些包子铺的经营者主要来自于两个地区：一个是湖北省监利县的毛市镇，另一个是安徽安庆市的乡镇。这两个地方原本都不是吃面食的，但是最初他们中有人进城讨生活的时候，经营包子铺挣到钱了。挣钱后他很自然地就回去把自己的兄弟姐妹亲戚朋友给带动起来，在全国开包子铺。品牌经营的包子铺大多数来自于这两个乡镇。从最初的几个人或者说个别人，经营某一项事业成功后就带动整个乡镇甚至一个县的人发展。我对他们进行过深入的了解，发现这些原本在农村学历见识人脉都不够的人，他们的收入比当地县城甚至比当地市区内做买卖的城市人收入还要高。他们的特别之处在于一旦有人做某一件事成功之后，他就回去带动身边的家乡人，他们的亲戚朋友在资金、在老人照顾方面相互支持。等这些人成功之后，再有亲戚朋友去开店，他们又在资金、开店、找店面和品牌对接等层面予以进一步的支持，这样就形成了一个完整的链条，这是基于在城市里做某一个小买卖的模型。除此之外，我还观察到另外一个现象：在全国各地的农村，尤其是内地的农村，它本身没什么工业，年轻人也是极少的，但我却发现在四川省成都市的蒲江县村里就有很多年轻人，他们的住房条件也不差，为什么会这样呢?因为他这个县有好几样特色农产品，是国家地理标志产品，也是网红产品，比如当地产的猕猴桃，通过网销的方式给当地人带来明显的增收。除浦江县外，我发现现在乡村振兴热潮会带动一部分年轻人回到乡村做电商。比如说我们

“城乡拉钩”项目，通过直播卖货的方式吸引了一大批回到自己家乡去做农产品创业的返乡创业青年，以一种新的方式去做供应链，这个影响很大。以后有时间我还可以再分享几个其他的案例，今天先到这里。

李爽：卿老师分享的两个案例，一个是咱们常看到的这种相对比较传统的一人带一个亲友，亲友再带亲友到城市里来开店创业的模式；另一个分享提到的蒲江县和我们合作的箭塔村也有一些相似，箭塔村有一个吾乡乡村创业孵化器，是之前恩派选择在乡村振兴领域扎根深耕的同事成立的社会企业，利用新媒体新农具在乡村找到了城市里没有的那种自在生活，同时还能开创自己的事业。稍后咱们也可以多聊聊年轻人的新事业。朱姐，在您和那么多公益组织基金会打交道的经历中，您有看到特别好的模式吗？

朱娟芳：分享一个我身边的模式吧，在我的家乡每年都会举办一次汉唐文化节、生姜采购一条街这类的公开活动。我觉得政府组织的这个活动非常好，可以吸引很多城里人过来参加活动，购买我们的生姜，实现城乡互动，嘉兴周边的苏州、上海、杭州人都会驾车来参加活动购买我们的生姜。我自己也策划过泡姜非遗项目体验活动，邀请上海的客户到我们家体验做泡姜和米糕点心，体验非常好。我还组织过让城市里的孩子到村里体验植物采摘和植物画制作，这个活动很受家长和孩子的欢迎，我觉得这种互动方式非常好。除了这些，“城乡拉钩”公益项目及一些公益机构都在帮助农民提高自身技能、农产品销售技能，转变观念等，让农民真正享受到实惠。以上都是我接触到的一些城乡互助方式。

李爽：朱姐很真实，特别谦虚地给我们分享了好几个我也观察到了的典型的这种互动的模式：造节活动。像朱姐说的，在您的家乡，有一些政府办的大型活动，让周边的城市人愿意来这个地方旅游，体验购买产品。这让我想到卿老师前面提到的蒲江县案例，箭塔村造了一个年猪祭节日，进而造出了网红活动，当然这本身也是当地的一个传统，他们将其发扬光大了。刚才还提到了服务体验活动，其实现在有很多消费者参加活动不只是为了购买产品，更是为了购买一种享受、一种服务体验，朱姐自己举办的体验泡姜活动就是咱们说的产品或者服务体验升级活动。这些都是城乡互动里面的典型模式或者说一些新的玩法。非常感谢朱姐的朴实分享，咱们都是有经验的，不要太谦虚了。我们再来听听永香这边有什么不一样的体验。

陆永香：我在深圳一直做妇女儿童工作，接触了很多提供妇女儿童服务的公益机构，我家的小朋友也上小学了，因为一直在深圳，就找不到小时候在农村的那种快乐体验，周末或节假日只能去游乐场或者玩电子产品，其实我们很希望孩子有机会到大自然环境中去体验那种纯粹的快乐。我慢慢关注到深圳有些公益机构在一些大的节假日或寒暑假，会组织一些类似于朱老师分享的到乡村体验的活动，在深圳我们把这类活动叫研学，一般是 3~5 天或者更长时间在村里，每一天都有不同的安排去体验小时候的经历和生活。我们通过研学的方式组织在深圳生活的不同的家庭带孩子去体验那种农耕的生活，挖红薯自己烤，挖竹子制作木桶，制作过程中其实孩子的体验感是非常好的。这种研学是深圳最火的一种方式，尤其是在暑假一般都会提前 1~2 个月去预约，非常火爆。我自己曾带儿子一起去参与过，孩子很喜欢，看到村里的一些现状，还会激发我们很多孩子的爱心，回家后会把自己的零用钱存下来买一些文具送给当地的小朋友，有时候会通过结对子的方式和当地小朋友产生一些联系和互动，二十来个家庭离开时还会采购农产品带回去。我们这些在深圳的妈妈非常喜欢这种互动的方式。此外，还有一种情况就是前面提到的公益助农直播。深圳有很多 MCN 机构，通过训练营的方式集中招募和培养主播。很多人刚开始学没有产品可以卖，没有机会在镜头前实践练习。将培训过的主播与乡村端农产品结合起来，主播有了农产品上播，乡村农产品有了销售渠道，这就实现了城乡互动。

李爽：谢谢永香！我发现一个有意思的点，3 位分享的案例或模式都不再是我们比较熟悉或者说比较传统的“一帮一”，或者捐款捐物、认领帮扶这样的一些模式了。其实大家的分享都是来源于我们的日常生活，基于个人日常生活而产生的一些互助模式。所以我想和各位继续聊聊这个话题，大家觉得刚才分享的这些模式与传统的“一帮一”，或者捐款捐物这种互动方式有什么不一样或者好处吗？

卿有钱：我先回应一下，以前那种“一帮一”的方式难免会让人觉得疲劳。偶尔有一次这样真的很困难的情况，大家出于怜悯去帮助是没问题的。但是现在这个社会信息太发达，只要你愿意去看，每天都有大量的类似情况出现。时间久了会产成疲劳感，真真假假难分清。从另外一个视角看，纯粹是帮扶性质的，人在自己经历或者看到别人上当受骗的情况后，爱心就慢慢消退了，这种方式不可持续。但是我们现在看到的这种农事体验、农耕文化体验的模式，结合了城市家庭本身的诉求或者本身的兴趣。基于本身的诉求和兴趣，同时又能帮助别人，容易让人产生一种内心的道德满足感。这三重的刺激反而会让这个事情变得更有趣，可持续。最近这些年，村村通路，村村通电，村村通网，在这样的背景下，如果我们不能去乡村，也可以通过直播镜头看到乡村的实际情况，不管是想看农产品，想看农村人的生活场景还是想看农村的那种乡土文化，都能通过手机直播刷到。

李爽：我们发现基于人的本能、人的“善”设计互动，而不是强调同情与卖惨，反而是一种更可持续的方式。不知道朱姐和永香对于这个话题有什么看法吗？

朱娟芳：传统层面所说的这种“帮”我觉得是不可持续的。你可以帮一次但不能帮永久。有句话说“授人以鱼不如授人以渔”，就是要用这样的方式解决问题。就是要激发他的潜能，让他自己把生活过得越来越好。

李爽：了解，朱姐就是用最直白的方式把咱们社工助人自助的理念给生动地解释说明了。我们会发现说你帮助他一次，可能只是暂时性解决了一个表面的问题。但如果你教会他生存技能，以后他自己也能解决问题，甚至他可能还有能力去帮助更多的人，这个才是解决了真正的问题。

陆永香：随着社会的不断发展和进步，我们每一个人的需求层次其实也在不断地提高。在我们小的时候或者说在更早的那个年代，生存是第一需求。现在社会不断进步，我们的生活水平也在提高，物质需求也在不断地被满足，我们的需求层次更高了，比如有爱的需求或者像卿老师提到的道德方面的需求，还有我们自我实现的需求。我们再去帮助别人或者说我们在接受别人帮助的时候，可能需求也跟着改变。我想说的第二点就是我们也要去顺应这个社会的发展，最近这两年自媒体短视频和直播非常火爆，每一个人都在关注并积极地去了解这些信息。如果我们用这种当下最流行的方式去帮助他人或者去做一些能够提升他人关注度的事情，我们的效率会更高。而且因为他在关注这个，那我们把这个信息带给他，他的接受程度也会更高。我想分享的就是这两点内容。

李爽：非常感谢永香的这个补充，我觉得又把咱们这个讨论再深入或者说再拔高了一度。我们会发现任何一个社会问题的出现，都离不开当下的社会环境。解决方案肯定也是跟当下的经济发展包括技术水平相关的，跟我们人的需要是相关的。所以永香提到了咱们现在从自己出发，对于互助形式的偏好倾向也是会不一样的。以前你只要给我钱就行，现在可能你还得考虑必须要有尊严，让我感觉到你给我钱但不歧视我。前面的分享中反复提到了“城乡拉钩”项目，提到电商和直播，这个我们要感谢汇丰银行的支持，让恩派推动城乡互助，通过城市端的社区 KOL 力量帮助乡村端的个体农户可以把好的产品分享给大家，可以有更多类似的互动来激发大家去分享好的产品，让更多人低门槛获得公益生活体验。

李爽：3 位伙伴都深度参与到咱们“城乡拉钩”公益助农项目中，最后想和大家聊聊如何看待直播带货这种互助模式呢？现在已经有很多的主播在做直播助农带货这件事情了，从 3 位的角度来看，我们通过“直播 + 短视频”的方式让城市端伙伴去分享这些农产品，让乡村端伙伴建立自己的短视频平台账号分享自己的生活并销售农产品，有什么样的优势？又有什么样的障碍或者说局限呢？

卿有钱：是这样的，人们常常是在娱乐当中或者在社交社群中学习。你说他身边有人通过直播卖出了农产品并挣到钱，他会很自然地带动身边的人。相对来说，我们可能在这个层面上是有所欠缺的。那从另外一个角度来说，绝大多数人就是用直播的方式来娱乐自己，看某一个东西顺眼就买一点，但是想要在直播间持续卖东西，就需要有一个团队支持，需要有专业的培训，需要手把手教导。但是一般市场上的商业培训，非常看重个人的成长潜力，如果这个人很有潜力，就像李子柒一样，培训方砸千万元的资金都愿意，但是大多数人是没有这个潜力的，他无法成为一个大网红，这种情况那些商业资本对他是没兴趣的。对于商业资本而言，你来参加我的培训几千元几万元交给我，你能不能卖出东西，你能不能上手，我不关心。恰恰汇丰银行和恩派公益发起的这个“城乡拉钩”项目试图去解决这个问题。这个项目不是为了打造网红，是服务于有乡土情怀，想要卖家乡产品或者想帮助农村卖产品的人，他们需要学习最基本的直播带货技巧，需要有人鼓励他们尝试，在直播的时候与他们互动，帮助他们找到直播的感觉。这个项目不收取费用，对于普通人来参与直播卖货是非常有价值的。这里面有一个很重要的区别，传统商业上的直播卖货逻辑是需要你先成为网红，然后你再卖货，而我们现在的一个做法是不用培养成为网红你也能够直播卖货。

不在乎你的粉丝是否有 50 万、500 万，哪怕粉丝只有 100 人甚至现在粉丝为零也没关系，“城乡拉钩”在陪着你一起往前走。我认为这个项目在整个直播培训或者直播学习的领域里填补了上述空白，非常感谢你们在做这样的事情。

李爽：非常感谢卿老师的这个分析和说明。我们做这个项目的过程中遇到很多新农人，包括城市端伙伴，他们在社群中的成长让我们特别欣喜。前段时间我们在成都做了一场为期2天的“城乡拉钩人”的培训，在其中的直播实践环节，几乎所有伙伴都是第一次开播，并且带出了自己人生中的第一单货，这是切切实实的成长与收获。你看他们都不是网红，他们素颜也能带出自己家的这些农产品。这种直播带货的逻辑好像确实和别人常说的“mcn公司”、普通的电商培训不太一样。

朱娟芳：我跟卿老师的想法差不多。农民嘛，你叫他去种蔬菜、去田里干活，那肯定是没问题的，但让他们直播带货他们根本就不会，不知道怎么在网上卖自己的东西。他们生产的产品一般都是被批发市场线下批发处理了，价格也很低廉。如果他们能够学会自己在网上卖产品，我觉得可以卖个好价钱。但他们不懂直播，缺乏电商的知识技能，然而有“城乡拉钩”这样的项目来帮助他们，教他们学习直播和新的销售技能。拿我自己来说吧，我自己开了淘宝店，加入项目后学习了开微信小商店的知识，我觉得非常容易，很容易上手，属于那种只要你会玩手机就能做的事，这个方式很受农民欢迎。10月，在一个活动间隙我教会了二十几位农民十分钟左右开通了小商店，上架了产品。之前使用微信朋友圈进行销售，很容易错单，使用微信小商店有系统管理就方便很多。我第一天上去就卖出了好几袋泡姜，包括今天早上又有一单成交，我觉得这种容易操作、提醒及时的方式特别好。农民很需要这种培训，下一步我也会要继续学习更多的知识，我想把我学到的知识再分享给我们当地的新农人。

李爽：非常感谢朱姐的这个分享。有些时候大家习以为常的东西，甚至是想象不到说这么简单的东西，怎么还会有人不知道呢？有些时候分享一些非常简单的工具对于乡村的伙伴来说是非常重要的。在这个部分，朱姐在其中也起到了非常重要的作用。您学习了有用的技能，然后分享给咱们乡村的伙伴们，以便让更多人都能掌握这样的工具，非常棒！